今こそ大切にしたい
共育

共に育ち、共に育む心ときめく教育

腰塚勇人
Koshizuka Hayato

はじめに

この原稿を書き始めた今年のはじめ、正月の話題作が数多くある中で、アニメ映画「THE FIRST SLAM DUNK」が大ヒットしていました。このアニメの舞台は神奈川県立湘北高校のバスケット部。じつは、40年近く前になりますが、私も神奈川の県立高校でインターハイを目指しバスケットボールに青春を燃やしていました。

インターハイ予選で県ベスト4に残りましたが、決勝リーグ1回戦を負け、後がなくなった、あの湘北高校と同じシチュエーションでした。

そこから、実際の私は神奈川2位でインターハイ出場を果たしました。今となっては良き思い出の1ページになっています。

最初にスラムダンクが大ヒットしたのは、私が大学生の時でした。物語の設定場面が神奈川県の鎌倉、出てくる高校もあの高校でした！

そして、ゲーム中の桜木花道をはじめ、選手たちの勝負・チームへの強い思いがリアルに「分かる、分かる」でした。大好きな漫画で単行本を全巻揃えました。

そのスラムダンクが26年を経て復活したのです。そして、またもや大ヒット。

ここには、時代が変わっても夢を追いかける仲間たちがいます。そして、先生との「信じあう力」があります。

どんなに時代が変わっても決して失ってはならない、変わってはいけないメッセージがある気がします。初めてスラムダンクを見る人たち、特に若い人たちは、物語の中にある何かに「憧れ」を抱いているのかもしれません。

中国でもこの「スラムダンク」が空前の大ヒットをしているようです。国こそ違いますが、同世代の若者たちを魅了してやまない何かが、この物語にはあるようです。

スラムダンクは、「夢をあきらめないことの大切さ」を教えてくれています。

令和になった現代で、「昭和の時代」がブームになっているように、スラムダンクの中には、いくつもの不変のメッセージがあります。

「習慣性」「セルフイメージ」「目標達成」「心技体の大切さ」「チームワーク」「今に生きる」「感動」「結果のとらえ方」「感謝すること」など、大切な言葉がいくつも並びます。

今の社会は、学歴、成績さえよければすべて良し、そして「今だけ」「自分だけ」「金だけ」・・・、「だけ」だらけです。本当の生きる幸せとは何なのか、それを忘れています。そういう意味では「スラムダンク」は警鐘を鳴らしているのかもしれません。

ここで、私「腰塚勇人」をはじめて知る方に少し自己紹介させてください。

2002年3月1日。それまで22年間順風満帆に、天職と思えた教師人生を送ってきた私でしたが、その人生の歯車を大きく狂わせる出来事が起きました。

それは、スキー場での事故で首の骨を折って「首から下がまったく動かなくなってしまった」ことでした。

医師は「たぶん、一生寝たきりか、良くて車イスの生活になるでしょう」と妻や両親に宣告しました。

「どうやったら死ねるか・・・」と思い続ける日々。そんなことばかり考えていた人間に、「生きる勇気」を与えてくれた言葉があります。

それは妻の「何があっても、ずーっと一緒にいるから・・・」、母の「代われるものなら代わってあげたい・・・」。そして、上司、教師仲間と生徒たちの「先生、待っているから・・・」、その言葉でした。

2010年5月、事故から時を経て、これまでの私の人生をありのままに書き綴った一冊の本が刊行されました。その本の題名は『命の授業』です。


「命ってなんですか？」

「命は今、今日。自分が自由に使える時間、それが命です」

私は命の危機に直面しました。だから、わかるんです。今日一日を生きていること、そして毎日を生きていること、それを実感できること、それが「命」なんだ。

「一日24時間、生徒も先生も、そして保護者も、みんな平等にある。一日の積み重ねが一年、その積み重ねが人生なんだ」

その人生の大切な期間が「学校生活」の一日、一年。

学校生活を楽しくするのは、子どもたちだけでなく、先生方も、保護者の皆さんも同じ。楽しくするか、つまらなくするか、一日をどう過ごすか、決めるのは自分。

「信頼する」「良いところを伸ばしていく」「認め合う」「セルフイメージ」、これは親子関係でも、先生と生徒の関係でも、保護者と先生の関係でも同じです。

教育は教える側、教えられる側が、互いに成長しあってするものではないでしょうか。共に育ち共に育む「共育」であってほしいものです。まずは自分の胸に手を当てて問いかけてみませんか。

せっかくの人生です、夢を叶え、感動する生き方をしませんか。自らが、人生の主人公になって、家族や同僚、仲間たちと、〝共育〟を大切にしたいものです。

私には、夢の実現を加速させる方法を教えてくれた方がいます。その方は、ベストセラー作家の望月俊孝さんです。

教員人生を卒業し、命の授業の講演家になる時には、多くの人から「安定した生活をなぜ捨てる」と反対されましたが、「腰ちゃんならできるよ!!」と一番応援してくれ、一緒に宝地図作りをしてくれました。

その時の私が体験した一番の感動は、「夢が叶ったワクワク感と、夢が叶った時にどんな自分でいるのか＝ふさわしい自分を鮮明にイメージできたこと」でした。

自分の良さをたくさん発見できたこと、すなわちセルフイメージが爆上がりし、「私はできる」「私は大丈夫」と自分を信じることができました。

この時に気づけた重大なことがあります。

人は、夢にチャレンジしている最中の苦しさであろうと、何か人生の問題に向き合っている時だろうと、その解決方法が問題なのではなく、一人では最後まで頑張り続けられないことが一番の問題なのだ、ということです。

望月さんは、私が講演家として自立するまで伴走してくれました。

その望月さんからの一番の教えは、「せっかくの縁を大切にすること。育てること。楽しむこと」「人生も仕事も縁・ｊｏｙだよ」

私にとっての「安西先生」（湘北高校の監督）です。

今回、メンターである望月俊孝さんが本の帯コピーを書いてくれました。いつかお願いできたら・・・、その夢が叶いました。この上ない喜びです。

望月さん、ありがとうございます。

本書は、２０１２年１月から毎月発行する「腰ちゃん通心《つうしん》『幸縁《こうえん》』」の記事を基に加筆・編集したものです。

本書を手に取ってくださった皆さんとの「幸縁」がこれからもつながりますことを心より願っています。

感謝を込めて　腰塚 勇人

２０２３年５月

◆目次

目次

第2章 先生方へのメッセージ

目次

第3章 子どもたちへのメッセージ

第4章 今、日本人として

第5章 命の授業へのメッセージ

第 1 章

保護者への
メッセージ

まさか我が家に起こるとは・・・、不登校になった息子

小学校卒業まで、学校や担任の先生の不満は言いながら（全部自分に返ってくるぞ・・・と思いつつも）楽しそうに学校へ通っていた息子。

「勉強しろ」とは言わず、ある程度の成績はあり、自分で決めたことはそれなりにできる子に育った・・・と思っていました。

サッカーが大好きで、クラブチームの追っかけをしながら楽しみ、中学・高校では強いチームでサッカーをしたいと中高一貫校を受験し、目指す学校に見事合格。誰の子?!と正直びっくりしたものです。

中学に入学してからは、サッカーでレギュラーになることしか頭になかった彼。私は大学までバスケットをやっていて、正直サッカーで良かった・・・と思っていました。もし彼がバスケット希望だったら、私自身が熱くなり、身体の動かなくなったおっさんの「～するべき！」の機関銃トークを浴びせていたと思うから。

そして、うれしいことに反抗期が順調に始まってくれた。

「おやじうざい」「おやじうるせー」の無言のメッセージを受け取るようになり。中学校生活も部活も彼を信じて任せよう・・・。クラスも部活も楽しそうで順調な滑り出しと思っていた6月、柔道の授業でまさかの足の骨を骨折。

1か月のギブス生活。部活は筋トレのみ。ストレスが溜まっているのを感じつつも、夏に挽回すれば・・・。夏の合宿を頑張り、10月の1年生大会。センターバックでスタメン。

「やるね～」、怪我の巧妙と思えたのも束の間。試合中、空中で相手とのヘディングでバランスを崩し着地に失敗。今度は腕の骨折・・・。

半年の間に2回も・・・。彼のショックも相当で、なんで俺ばかり・・・。監督からも「お前、怪我が多い・・・」と。心技体が大事でありながら、子どもの部活とはいえ、結果を求める勝負の世界。彼にとっては人生初の挫折・・・。

そこからサッカーだけでなく、勉強もがた落ち・・・。自分でもこのままではいけないと思っていたのでしょうが「もう部活やっても意味がない」「学校がつまらない・・・」と言いだした。

遅刻・欠席が増え始め、「朝、起きてこない」

そして朝から、「行け、行かない」の親子ゲンカ・・・。この子のことを思っての親心。「不登校にさせまい・・・」その一心でありながらも、親がへとへと。

毎朝が本当にお互い辛く、1年生の冬休み明けからは「もう学校へ行きたくない」と、ついに不登校に・・・。

「ま・さ・か」、わが子が不登校・・・。さらには、ストレスからゲーム依存になるは・・・、昼夜逆転になるは・・・、注意すれば家の壁に穴はあくは・・・。「どうする親・・・」状態。そして、私たち夫婦のとった行動はカウンセラーへの相談。もちろん親だけ。

そこでカウンセラーから、「私の所へ来た理由」を聞かれ、「息子の不登校の相談です・・・」。一応、現状までの話は聞いてくれ「大変でしたねぇ～」「お辛いですねよねぇ～」と共感はしてもらえたものの、カウンセラーからの次の一言は「お子さんを学校に行かせたい相談なら僕には無理です」とキッパリ。

思わず絶句・・・。そして「お子さん、今、学校に行きたくないってメッセージをお父さんとお母さんに送っているんですよね。分かってほしいって。相当一人で悩んだんじゃないですか？　彼なりの理由で親に言えなかったんじゃないですか」

そしてカウンセラーからまたまたびっくり発言。

「イイご家族ですね～」？.？.？　息子が不登校でどこが・・・。親として情けないやら、子育て間違った・・・と自信喪失状態なのに・・・。

「息子さん、ご両親には今の辛さ分かってほしい、助けてほしいと頼り信じているじゃないですか。息子さんにとってご両親は味方であり、家庭は安全なベースキャンプになっているじゃないですか。だからイイ家族だ」

なるほどねぇ～一理あり。

「ここで無理やり学校へ行け！　と言い続けたらお父さん、お母さんは、息子さんにとって敵になり、家も居心地が悪くなり息子さん家から出ていきますよ・・・」

そしてこうも言われました。

「親子であっても、お父さんとお母さんと息子さんの人生はそれぞれです。親が思う子どもの幸せと、子どもが願う自分の幸せは別物だと理解してください。息子さんの不登校は子離れ、親離れする機会の一つかも知れません」

「息子さんを信じて待ってあげてください。まずはご夫婦が仲良く、決して息子さんのことで、お前が悪い、あなたが悪いと夫婦ゲンカなどして、家の中に余計な緊張感をつくり出さないでくださいね。息子さん、全部聞いていますから・・・」

さらに、これからのアドバイスとして、

「規則正しい生活、特に携帯の使用時間制限。腫れ物に触る、ご機嫌を取る、そのような対応は禁物。言いたいことは言いましょう」

それとご飯は一緒に食べる。どんな状態でもルールは大切。会話はいつでもできる状態に。そのためにお父さん、お母さん、それぞれに息子さんと共通の話題が持てるといいですね。

そこで、妻は普段しない携帯ゲームアプリを入れ、息子とやっていました。私は彼を高校生と偽り、親子でトレーニングジムに通いました。

親が今、自分の人生を自分らしく生きると決めて・・・。彼を信じて、不登校の息子との新たな家族生活が中学2年生の4月から始まりました。

そんな新たな生活も徐々に慣れ、夏休みや冬休みは家族で旅行に。会話は普通にできる状態で、年明けの2月、息子から
「ちょっと話があるんだけど・・・」「今の学校辞めたい」

「分かった。でも4月から中学3年生、まだ義務教育だから学区の公立学校に転入という形になるよ」

「学区の中学校は小学校の時の友達がいるからやだ・・・」「その気持ちはわかる・・・」

退学届けを一緒に出しに行き、淡々と転校手続きを取り、「転校の手続き終わったよ」とだけ息子に報告。「ありがとう」と一言。4月からの事は一切話しませんでした。息子に任せました。

すると・・・、3月中旬に「今度行く学校の制服はどんな感じ?・」と息子から。妻と見に行き、制服をつくりに。マジ?!　どうした?!　何が起きている?!

4月から学校へ行くの?　期待したい感情と、淡い期待で終わった時のショックが大きいので感情を押し殺し、一切学校の話は私からはしませんでした。

そして4月、学校の始業式前日、「俺、明日から学校行くから」と。マジ?!　嬉しさ半分、明日にならなければ分からない・・・半分。本当に始業式に行ってしまい、その夜「面白そうなクラスだよ」って・・・。

この間の息子の思考回路は分かりませんでしたが、自分なりに自分の人生を常に考えていたようです。また不登校になっても・・・、腹積もりと覚悟はしていましたが、6月に修学旅行にも行き、もう大丈夫というタイミングで「なぜ、学校へ行こうと思ったの?・」と尋ねると、息子から返ってきた答えが「お父さんとお母さんが、学校へ行けと一言も言わずに俺を信じてくれたから・・・」と。

その夜、息子が寝た後、泣きました。不登校の本も自己啓発の本もたくさん読みました。「親としての、べき論」を手放すことも頭では理解し、心がけましたし、息子が一番辛いことも分かっています。でも親も本当に辛かった・・・。親子だから・・・。

「2年生出席0。成績なし」は希望する高校を受験する事すらできませんでしたが、行けた高校で高校生を楽しんで、今は自分の夢を追っています。

大変な時を知っている友人たちから「親を泣かせるなよ」と突っ込まれると「昔のことは言わないでくださいよ〜」と照れながら笑って答える息子。この体験がこれからの人生の肥やしになってくれれば結果オーライです。

息子さん、親を鍛えてくれて、人生の視野を広げてくれてありがとう!と今は笑って言えます。

不登校の子どもを持つ親御さんの気もちがよ〜く分かるようになりました。

1. 本当の豊かさ

先日、高知で私の話を聴いてくださった先生と、お話をさせて頂きました。その中でとても感動したお話がありましたのでシェアさせてください。

その先生ご夫妻は、メキシコの日本人学校に3年ほど勤務をされました。中学1年生と小学生のお子さん３人も一緒にメキシコでの生活でした。そして毎週、家族全員でストリートチルドレンの施設を訪問していたそうです。

月に一度、５ペソ、日本円にして50円ほどのお小遣いをもらい、市場に自分の好きな物を買いに行くのが施設の子どもたちの楽しみでした。

ちょうどそのお買い物の日に施設を訪ねることになり、買い物に同行したときのことでした。小学生の一人の男の子が、ご夫妻の3人のお子さんに自分のお金で買ったお菓子を1個ずつ渡してくれたそうです。その時の彼の笑顔は、本当に嬉しそうでした。

ご夫婦をはじめ、3人のお子さんは衝撃を受けました。

その後のことになりますが、一番上のお子さんが日本に戻ってからスピーチコンテストに出場する機会がありました。その時のタイトルは「本当の豊かさ」でした。メキシコでの出来事、男の子からお菓子をもらった時のことをスピーチしたそうです。

本当の豊かさとは、お金や物の豊かさではなく、想い合い、分かち合うことで、心が通じ合い、つながれることだと締めくくりました。

そのスピーチは最優秀賞だったそうです。

このことを話してくれた先生の奥様は、受賞のことよりも、自分の子どもにそういう感性があってくれたことを大変喜んでいらっしゃいました。

このお子さんはその後も、世界に目を向け、ご家族と今でもストリートチルドレンの支援を続けているそうです。

2. 今の時代、不足が不足している

講演で伺った中学校の校長先生からお聞きした話です。

最近の生徒たちには、生きる意欲や力が感じられないことが多々あり、その原因の一つは、小さい頃からの「不足が不足していること」だと話してくださいました。

「不足の不足？」すなわち、「満たされすぎ」です。物質面でも精神面でも「自ら動かなくても誰かがやってくれる。満たしてくれる」という環境。

私も親として、思わずハッとした瞬間でした。

ある保護者の方からもこんな話を聞きました。家族みんなで外食に行ったときのことです。

「何が食べたい？」と子どもに聞くと、「今、特に食べたいものはない」という答えでした。

お父さんは、「自分が子どもの頃は、家族みんなでの外食は一大イベントの一つだったのに・・・」と、もの凄くショックを受けましたが、それ以上に危機感すら感じたそうです。


この話を聴いた直後でしたが、経営者である友人から、

「ライオンから野生をなくす簡単な方法を知っている？」と聞かれました。

友人は「常に餌を与えてお腹をいっぱいに満たしてやること。それが動物園のライオンさ」と教えてくれました。

「野生」、すなわち、自らの生死をかけて自然界で生きる動物たち。自分は今、この「野生」を忘れていないだろうか・・・と思った瞬間でした。

そして同時に、息子の顔が頭に浮かびました。親として大人として、本当に子どもたちに、身につけさせたい力とは何か？　考えさせられました。

大人である私たちがこのことを理解しているのか？　何のために不足が必要なのか？　今、何をすべきなのか？　など、いろいろと考える機会となりました。

映画『ロッキー3』のテーマ曲『EYE OF THE TIGER』が頭の中をよぎりました。習慣の怖さと、意識を変えて野生に戻る必要性を感じたときでもありました。

そして、マザーテレサの「思考が運命を変える」の言葉を思い出しました。

3. 命を考える

9月は、命を考える出来事がたくさんあります。
心友のお母様がお亡くなりになった命日。講演を主催してくれた友人夫妻の奥さんが、
私の講演を楽しみにしながらも聴けずに翌日に亡くなった命日。
「ドリー夢メーカー」の歌をつくってくれた奥野勝利さんの命日。

そして1日が父、15日は私、25日は母の誕生日でした。

命の大切さ。命の尊さ。
命のありがたさ。

命の素晴らしさ。

命の強さ。命の清さ。

生まれる命。なくなる命。

生きたくても生きることのできない命。


その命と直面するとき、有限である命の存在と真剣に向き合い考えます。

そして、命のつながりを振り返り、自分自身もつながれ続けてきた命のつなぎ役であることを再認識すると共に、生かされてきた命であることに気づき、感謝の念であふれます。


とりわけ、私をこの世に生み、育ててくれた父母の存在を強く意識しました。息子が、スキー事故で自分たちより先に逝きそうになった出来事。自分自身が親になって実感できました。自分はどれだけ親不孝したのか・・・でした。

今切実に願うことは、少しでも長く父母と親子でいたい。いつまでも元気でいて欲しい。そして、できる限り親孝行をしたい。

子どもは一生かかっても、親には追いつけません。

有限である自分の命、そして父母からつないでもらった今ある自分の命。この命が喜ぶ生き方を、誰に、何のために生かすか・・・、真剣に考えたいものです。


心友のお母さんのお通夜で、彼が言った言葉です。

「親思う心に勝る親心」

「腰塚、親が亡くなったら残るのは後悔だけだよ」


大切な人を大切にするために、そして、その人たちに喜んでもらえる命の使い方をしたいものです。

4. 子育てを考えるならば

「命の授業」の仕事をさせていただいていると、時として保護者の方から相談されることがあります。その多くがお子さんのことです。

なかでも不登校の件がやはり多いです。

いろいろな原因や理由、状況はありますが、わが子を愛する保護者には敬意を払うことしかできません。私が、その中でお伝えしていることは、子どもにとって不登校は、学校や仲間という集団からいちど離れ、「一人」で今ある時間をどう楽しく生きるかを考えるチャンスだということです。

親としては、何とか力になりたいというメッセージは出しながらも、一方では焦らず見守って欲しいし、規則正しい生活だけは管理して欲しいとお伝えしています。

この言葉は、私が「広島のお母さん」と慕う方からもらったアドバイスでもあるのです。「親は自分が目の前のやるべき仕事を一所懸命に行い、その生きる姿を子どもに見せていればそれで良い」と。


人目もはばからず、ただただ家族、子どもたちの幸せを願い、遮二無二に働いてくれた父母。その姿が今でも私の目に焼きついています。私も家にいる時間は少ないですが、本気で楽しく仕事をしている姿だけは息子に見せているつもりでいます。


素敵な子育てをした経営者でもある先輩お父さん、その方が常に大切にしていた言葉も思い出しました。

「豆腐屋や新聞屋の子どもは悪くならない。俺は豆腐屋でも新聞屋でもないけどね」「あまり子どもにかまってやれなかったけど、子どもは親の背中を見ていてくれたようだよ」

親としての生き様、仕事への姿勢、とても大切ですね。

5. 直（じか）の放棄

終末期の在宅ケアに力を入れる先生の話を聞くことができました。お話の中で、「家庭における直の放棄」という話がとても印象に残ると共に、親として、大人としてハッとさせられました。

今の日本は「核家族」世帯になってしまった。だから子どもたちは、家庭での出産も死も「直」に体験しなくなった。親は食事や勉強、介護も、理由をつけて外に任せはじめた。だから子どもはどんどん「直」の体験に接する機会が少なくなっている。

子どもの成長における一番の先生は、自然と家庭だ。祖父母がいて、赤ん坊がいる、大勢の家族がいる「家庭」。家庭の中で子どもは多くのことを直に体験したものだ。直の体験不足は、感じる力、考える力、想像し思いやる力、感謝の力、そして耐える力の低下につながる。

その後に話をされた講師の方もこう言われていました。

いくら学校で、知識やテクニックといった頭だけで分かるものを詰め込んでも、世の中に出たら役に立たない。なぜなら、世の中は答えがすぐには見つかりづらい「社会」だから。「知恵」がないと通用しない世界だから。

知恵というものは、直の体験が生み出すものであり、知識やテクニックを持った先生は多いけど、知恵を持った先生が少ない。知恵を持たない先生の授業が楽しいはずはなく、それが子どもたちが学校が楽しくない原因の一つです。

先生に限らず、人生を、右往左往しながら直に体験し生きてきた人には、知恵があり、味わいがあり、それが人間としての魅力になるんです。

直の経験をどれだけしてきたか・・・そして今、直の経験を自ら放棄していないか・・・、在宅ケアの先生と同じことを言っていると感じたときでした。

親であれ、大人であれ、人の上に立つ人も同様ですね。他人任せでなく、自らが汗をかき、手を汚し、姿で見せ、共に体験するしかありません。そして、その直の体験の中から出る言葉しか伝わりませんね。

6. 心の偏差値　～むごい教育～

親になって、子育てをして、もう18年が経ちました。子どもは親の鏡、親が言ったようには育たない。生きた見せた姿を演じる名優である。この言葉を肝に銘じ、共に成長し続けてきたつもりです。

同時に常に意識し続けたことは、「むごい教育」はするまい。ある意味、今の時代の子育ての逆をしようと。

この言葉は、今川義元が竹千代（徳川家康）を人質に取ったときに、家臣に「むごい教育をせよ」と命じたそうです。

今川義元が言うむごい教育とは、「欲しいものを与え、おいしいものを食べさせ、寝たいときは寝たいだけ寝させ、何事も好きなようにさせること」を意味しています。

幼稚的万能感ともいいます。

それをさせているのは一体だれなのか・・・。

子どもから「ＹＥＳ」をもらいたいなら、要求をのめばいくらでももらえます。そうすれば、「大好き」「イイ人」と言われます。

票集めのため、有権者にはいい顔をする政治家にも同じものを感じます。

欲しいものを汗水流さず手に入れる習慣、失敗を体験して来ていない子どもに、本当に自立・自律の道はあるのか？　そして、成績、結果重視の学力偏向、偏差値競争の中で育った子どもは、身に付けた力を人のために使おうとするのか・・・。親としてできる良い教育とは・・・。

自問自答の18年でありながらも、私には子育ての先輩がたくさんいてくれました。

教わったことが「お・へ・そ　の教育＝おはよう・へんじ・そうじ」であり、たくさん失敗を勉強や生活で実体験させること。人は経験という財産をいかに手に入れるかが、その人の大きさを作ると。

手とり足とり教えた成功方法より、乗り越える、耐えられる方法を身につけなさいと先輩たちから教わり、それは心の教育でした。知的偏差値より心の偏差値でした。相対評価より絶対評価でした。これからもむごい教育とは一線を置きます。

先日、「優秀」の意味を教えてもらいました。優しさに秀でる。誰のために自分の力を使うのか。まさしく心の偏差値で。我が子も優秀な人に育ってもらいたいと・・・。子育て18年、親としても18年、色々ありながら自問自答、葛藤しながら良く頑張ってきました。子どもからのむごい教育のおかげで親として育つことができました（笑）。

7. 本当の自信をつける

先生方と、子どもたちの自信のつけ方について話をしました。経験のないこと、過去に失敗経験のあることなどから、行動やチャレンジに不安を感じてしまい、あきらめてしまう子どもたちに、どうすれば自信を持ってもらえるか、そんな内容でした。

そこで、私なりに意見をお伝えしました。

多くの人は、これまでの自分の実績や、周りからの評価があってはじめて自信が持てると思っています。たしかに、いい結果が出れば自信がつきます。

しかし、外部からの要因・結果に振り回されると、とても不安定な気になります。


失敗のたびに心がポキポキ折れ、過去にふり回され、「どうせ俺は・・・」と未来に不安を募らせ、いつまでたっても自信がつかないことを繰り返してきた自分。

その経験を踏まえたうえで、私が思う本当の自信は「自分を信じると自分が決め、今に生きる」ただそれだけです。


なぜなら、自分を信じるのに根拠や理由は必要ないから。それまでの経験や実績は関係なく、今、この時から自分を信じると自分が決める。自分の心を外部からの要因でつくるのではなく、自分の内側にある力でつくることが「本当の自信」だと考えます。

心の状態を自分でコントロールできれば自ずと行動も変わり、実際に結果も出すことができ、さらに自信もつきます。誰の目も誰の評価も気にせず、ただ自分を信じるというトレーニングを積み、習慣を身に着けたいですね！とお伝えしたら、先生方の表情は「そうは言うけど、難しいなぁ～」。と自信なさげ・・・。

過去の出来事や未来に起こることを想像するあまり、不安を感じてしまう・・・、やはりトレーニングが必要なんです!!

自分を信じ、今に集中して生き、自信をつける。これが一番簡単な方法ではと思うのですが、皆さんの自信をつける方法はどうですか？

8. 一人ひとりを見る

石川県にある会社の研修で、講演の後に、社長さんから「腰塚さんの『アンビリバボー』を見て、感じた事があったので、すぐに動きます。決めました」と。

「え、どこですか？」。すると社長さん、

「生徒一人ひとりの名前を呼ぶ腰塚さんを見て、朝礼で社員一人ひとりとできる良いコミュニケーションだと思え、すぐにはじめます」

そうですか?!　会社研修も数多くしていますが、なんと、「名前を呼ぶ」に意識を向け、宣言をされた社長さんは初めてでした。

私だって教師時代には、朝クラスへ行って生徒の出席確認、また保護者との挨拶は大切にしていたつもりでいます。ただ職員室で朝の打ち合わせでは時間的にも無理ですが、校長先生から名前を呼ばれたことなど一度もないですし、そんな発想すら浮かんできたことはありません。

このことをお伝えすると、「立場上どうしても1対全体となることが多いですが、本当はすべて1対1の関係であり、もっと社員一人ひとりを大切にできることは何かないかと考えていたところなんです。私の尊敬する方々はいつも一人ひとりを大切にされていますし、皆さん感じたらすぐ行動です。私もできることから見習わないといけません」

私は心の中で、「さ・す・が！」

この社長さん、町にあるご自分の母校の中学校にも「命の授業」を聞かせたい、と講演料から全てご自分で準備をし、校長先生と掛け合ってくださいました。

「子どもたちは地域の宝です。だからこそ、子どもたちの成長のために少しでもドリー夢メーカーになれたら嬉しいです」と。

その学校の名前が「宝達中学校」ですから、ビックリです。私も子どもたちのドリー夢メーカーでありたいですし、人を大切にする生き方に命の喜びを感じたいものです。名前を呼ばれる、うれしいものです。

9. 乗り越えたわけではない・・・

先日、ある方から、
「腰塚さん、あの大きなケガをよくぞ乗り越え、ここまで戻ってきました！」と言われ、嬉しい半面、正直言うと、乗り越えてきたという言葉に違和感もありました。

一人では決して頑張れなかったですし、結果的には学校への復帰やその体験から大きな気づきと学びを得ることもできました。

障がいのある身体となり、いろいろなものを失いながらも、「全てを背負い、今を生きる」と覚悟を決め、生きているというのが本音です。

ただ、その中で心がけているのは、命と向き合い、人との比較や競争ではなく、自分自身が後悔する生き方はしたくない、できる限り「後味の良い生き方」をするために命は日々使いたいということ。

しかし、今でも葛藤と折り合いの中で自問自答の毎日ですし、時には、すべてを手放せたら・・・そう思うことだってあります。

そんな中でも、私も頑張ろうと思えるのは、80歳近いお年ながら奥さんの看病で病院へ毎日行っている、尊敬できる大切な親父さんが山口県にいるからです。

そして、21歳の息子さんを阪神淡路大震災で亡くされ、それでも息子さんの志を自分が継ぐと決め、今を生きている広島のお母さんがいるから・・・。

お二人とも、「乗り越えた」のではなく、背負って生きる覚悟を決めて今を生きているだけ。そして、苦しさや辛さを笑顔に変えてしまう人生の達人です。

しかし、それは親父さんやお母さん、私だけでなく、みんな同じように人には言わない何かを背負って生きています。

今の私は、その背負っているものを少しでも軽くするお手伝いができたらと思うこの頃です。

この経験をして少しは人の心の痛みがわかるようになりました。

10．理解してあげる

私が大事にしたい言葉は「理解してあげる」です。

寄り添うというより受け止めてあげる。アンダースタンド。だから共感ではありません。受け止めて、理解する、です。

そして、キーワードは「そうなんだ」です。

そうなんだ。きみはそう思っているんだ。私は家族やいろいろな人たちの話を聞いたときに言う言葉はいつも、これです。

まず「そうなんだ」と受け止める。そして、あなたのその気もちと考え方に共感しているわけでも、受け入れるわけでも、納得しているわけでもない。でも、考え方や気もちは「尊重するよ」。これが「そうなんだ」です。

違いであり、間違いはない。

さらに、「腰塚さんどうですか、どんなことをやったらいいと思いますか」と言われたら、「私ならこうする。私はこう思うよ」と答えてストップします。

最後に決めるのはあなた自身だから。

「私はこうだけど」ということは言えるけど、決めるのはあなたです。強制したり、コントロールはしません。


相手を受け止めてあげると、自分の意見も受け止めてもらえます。そうなんですネ。そう考えているのですネ。はい、でも決めるのは自分です。

人間関係での一番のトラブル原因は、相手を自分の思う様にコントロールする押しつけから起きます。

11. すべては自分が源

中学生から、こんな質問をされたことがあります。

「腰塚さんは私たちにどんな大人になって欲しいと思っていますか？」

私は即座に、「感謝の気もちを忘れず自分の行動に責任を持てる人」

「うまくいかないとき、人のセイにしない人」と答えました。


私自身、不安や悩みはいくらでもあります。その中で毎日を生きています。でもそれは私だけではないですし、不安や悩みがあるからこそ成長できることも知っています。

そのために大切なことは、自分が人生の主人公であることから逃げないこと。

日本人の大好きな「みんな」に、ごまかし流されず、自分で考え自分で決めることだと考えています。


そのときの現状次第で対応は違っても、とにかく目の前のことに「私は」の考えを持って一所懸命に、頭と身体を使い、全力を尽くす、そんな「命の使い方」をしたいものです。

自分の思うようにならなかったら、人のセイ、環境のセイ・・・。言い訳をし、常に逃げ場を用意する。自分の命・人生の時間をそんなことに使っていたらもったいないです。

それって本当は、はずかしいことであり、「セイ」にしているものに、自分の人生をコントロールされているってことですヨ。どうせなら、「セイ」じゃなくて、「タメ」にしてみませんか。

誰かのため、何かのため、そして自分のため。「タメ」に生きたほうがきっと楽しいです。

でも、誰かのためや何かのために頑張りすぎて、辛くなってしまったら・・・、思い出してください。あなたは一人じゃない、って。

12. 頭が強いだけ

途中入社で金融機関に勤めた友人との笑い話です。

入行してみて、一流国立私立大卒が当たり前の業界に驚いて、上司に「みなさん、スッゴイ学歴で、頭のいい人ばっかりなんですね！」と話したそうです。

すると一流大学卒の上司は「一流大学の奴らっていうのはな、単に『頭が強い』ってことだけだよ！」と言い切りました。「頭が強い？」、初めて聞く言葉でした。

「世間では、『私はこの1年、一度も風邪をひたことがありません』という人を、まずは『体が強い人』と言いますよね。名門一流大学を入学、卒業した人のことを『頭がいい人』とは言うけど・・・。

本当は『身体が強い』と同じように『頭が強い』から試験を勝ち抜いて一流大学に入れたというだけで、その人の特徴でしかない。そんなことで、変な劣等感は持つなよ！」と、この上司は話を続けました。

そして上司から、この稲盛和夫氏の言葉を聞きました。

「仕事の結果を生み出す3つの要素」＝「熱意」×「能力」×「考え方」＝「仕事の結果」を教えてもらったそうです。ポイントは、足し算ではなく、掛け算であったことです。「熱意」と「能力」は０～１００まで、しかし考え方は、－１００～＋１００まで。

つまり、どんなに「熱意」と「能力」が高くても、「考え方」がマイナスだったら、生まれてくる結果もマイナスになる。

というもので、特に頭の強い＝能力が高い人ほど、考え方の偏りによって結果も大きなマイナス値となることが多いということです。

頭の強さは、熱意や考え方とは、ほぼ無関係のものであり、一般に言われる「頭がいい」だけでは、社会の中で仕事だけでなく人望を勝ち得ることはできないと、友人の話を聞いて感じました。

しかし、「高学歴、頭がよければ、人生の勝ち組にいる！」といった、学歴偏重主義は根強く日本に残っています。

「頭が強い」と「頭が良い」は、似て非なるもの。情熱や考え方は「人格の」の部分なんです。頭の強さより人格の成長が先。

友人が「頭のいい上司に出会えて良かったと、心から感謝している・・・」と。皆さんの回りには頭の良い上司、先輩いますか？

お役所は一流大学の法学部が多い、納得でした（笑）。

13．「ありがとう」と「ありがたい」の違い

ある会社の社長さんから「腰塚さんは『ありがとう』もよく言うけど、『ありがたい』のほうがよく口にしますね」と言われました。そう言われればそうかも・・・。

それは、事故で首の骨を折って、全身麻酔の経験を経て、身体障がい者になって21年目。その期間、毎日たくさんの方々の支えと助けがあって、生かされ、仕事をさせてもらいました。

本当に感謝しかなく、ありがたい気持ちがあふれてきてしまうんです。今こうして生きていられるだけでも、身体が動いてくれるだけでも、ありがたくて仕方ないんです。だからこそ、その感謝に応えることはただ一つ、「今日一日、今ある命を本気で使うこと」

こう言っていただいた翌日のことです。

私が毎朝読んでいる、鍵山秀三郎さんの一日一話で出会えた「ありがたい」のお話でした。「ありがとう」は平素、誰もが口にする感謝の言葉です。

この感謝は、いわば「体外語」というべき表面的な言葉。一方、「ありがたい」は、言葉では言い表せないくらいの感謝の気持ちです。いわば内に秘めたる「体内語」だと思います。

私は「ありがたい」という気持ちを大切にしながら、これまで多くの方々とご縁をつないできました。何より、鍵山さんをはじめとして、学びをいただける人生の先輩の存在は本当にありがたいことです。

そして、命があること、身体が動いてくれること、ありがたすぎます。

14. 子どもの成長に必要な「父性」「母性」

子どもはお父さんとお母さんから生まれました。そこには雄と雌が持つ遺伝子的・生理学的なものだけでなく、子育てをするうえで必要な機能があると言われています。

それが「父性」と「母性」。父性とは「切り分ける」「区別する」「境界線を引く」といった「やっていいこと」と「やってはいけないこと」の区別。またルールや規範を守ることを教える機能です。

一方母性は「包み込む」「一体化する」「融合する」といった、ありのままの子どもを包み込み、子どもの欲求を受け止め共感する機能です。

この父性も母性もお父さん、お母さんどちらにもある機能であり、どちらが担当してもＯＫ。

しかし、もし子どもが母性の中だけで育ったらどんな大人になるか、想像つきますか。そして大人になった世の中では父性と母性どちらの機能を使い生きていく必要性があると思いますが?

厳しい話ですが今、家庭に「父性がない」と言われています。父性を経験・教育せずに大人になる。社会に出る。お父さん・お母さんがいてもです。子どもから「嫌われたくない」からだそうです。

これでは、子どもはいつまでたっても自己中心的な世界で生きていけてしまい、社会性を身に着けません。幼稚的万能感と言うそうです。

学校で子どもを叱ると「なんでうちの子を叱るのですか？」と先生に文句を言う親。子どもが就職した会社まで乗り込む親まで・・・。思い通りにならないと、何にでも文句をつけるクレーマー。幼稚的万能感が抜けていない大人の典型です。

社会の中で人は生きています。家庭も学校も社会です。ルールは必要です。境界線は必要です。それを教えるのが、父性の機能です。誰かがその役割を果たす必要がありま す。健全な子どもに育てるために。

ただ父性を発揮するとは、決して高圧的・強権的態度で子どもに接することではないことは分かっていますよね。一方で、日本には「マザコン」男性が多いようです。ご注意を。

15. 子どもを育てるとは・・・

子どもが生まれ親になり、当たり前のように「子どもに幸せになってもらいたい」「健康に育ってもらいたい」と願いながら育ててきました。

ただ教師の時も、親としても大事にしてきたことは「子どもを私物化しない」。

自分のいうことを聞く子が私のイイ子。そうであってはいけない。

子どもを何のために育てる。最終の目的は、その子が大人になって自立して自分の人生を生きていってもらうため。では「自立」とはなんであるか。

答えは一つではありませんが。

私が思う子どもの自立は、①自分の身の回りのことは自分でできる　②経済的に自立

③自分で自分の居場所がつくれる　④「助けて」が言える人がいる。助けてくれる人がいる。

そして、その大前提が「親がいなくても」「親の力を借りなくても」生きていける。

親に依存傾向の強い子ども、○○コンと言われるような大人のふりをした子どもには

育てない。なぜなら、私は大人の条件は自分のことより公を優先できるかどうかだとも

思っているから。

自立した子どもを育てたい。自立した大人でいたい。親子ともども自分の人生の幸せのために、これ以上は干渉しない。口出し手出しはしない。支援はしない。

境界線は必要だと思いますし、失敗、痛い思いも成長する過程で必要です。人の痛みを知り、責任ある大人として人生を送るためにも。

16. 今の時代だからこそ、コミュニティーは大事

人生100年時代といわれ、老後の蓄えばかり気にしていますが、本当にそれだけでよいですか。今、世の中で一番の問題は「孤独」ではありませんか。

お金も大切ですが、自分の居場所があるコミュニティーもとっても大切です。できれば元気なうちから、仕事とは別に自分が、元気で笑顔でいられる。楽しめる。学べる。協力できる。

そしてお互いがお互いを認め合い成長できる、そんな仲間がいることが大切です。

ただ、このコロナ禍によって、そのコミュニティーの形態が「自分の近くにいる人たち」の集まりから大きく変わりました。

オンラインを使って全国、世界の人たちとも簡単につながれる時代になり、たくさんのオンラインコミュニティーができました。

私が素敵だー！　と思うclubhouse「グローバル共和国」代表の友紀子さん。彼女は元々日本で働き、今はアメリカで大活躍。日本と世界の懸け橋になりたい。それも日本人の大人の持っている力のすごさを知っているからこそ、一人で頑張るのはもったいないと、同じ趣味や活動を「共和国」というコミュニティーにして2年前に立ちあげました。

今ではそのコミュニティーの数は200ルームを越え、活発に活動し世界からも、これからの新しいコミュニティースタイルと注目をされています。

その参加者は1万人を超え、皆さんのそれぞれが仲間たちとルームで、朝から元気に主体的に温かく、思いやりいっぱいに輝いています。

そして合言葉は「ギブ・ギブ・ギブ　アンド　レシーブ」「正直者こそ輝き、幸せになる」

誰と一緒にどんな夢を追い、語り合い、楽しみ生きるか。私は決して孤独な生き方はしたくありませんし、「私の人生、こんなはずじゃなかった・・・」と不平不満、文句や悪口を言って大切な一日を過ごしたくはありません。

一度、このグローバル共和国のぞいてみてください。人生を楽しんでいる共和国の大人たちがたくさんいます。

今、皆さんにはどんなコミュニティーがありますか。

保護者へのメッセージ

★今、自分の人生を生きていますか。

★あなたの夢は何ですか。

★あなたの幸せとは何ですか。

★子育ては何のためにしていますか。

★子どもに望むものは何ですか。

★子どもに望むもの自分はできていますか。

★どんな仲間たちと今を生きていますか。

第2章

先生方への
メッセージ

恩師からもらった言葉「プロとは」・・・。

長年の夢であった教員採用試験合格の思い出は今でも忘れられません。ただ教職を進めてくれた恩師に合格の報告に行った時、一生忘れない質問をもらいました。

私にかけてくれた言葉は、「これからお前は教師のプロだな。まだひよこのプロだけど・・・」、そして「お前が考えるプロの定義は何だ？」と聞かれました。

「プロの定義」

まさかそんな質問をその場でされるとは・・・。当時まだ24歳の私の答えは「プロとはその仕事でお給料をもらっている人」でした。

恩師からの次の一言は「幼稚園から大学まで、何百人もの先生に出会ってきたと思うが、その先生たちをお前は子どもながらにもプロと思えたか？」

「う～ん・・・」。答えはＮＯでした。

ただ教科書を読んで授業をしているふりをしていた先生。全く生徒の話を聞かず、見ていないのに決めつける先生。言っていることとやっていることが違った先生。生徒をえこひいきする先生・・・。学級崩壊も体験しました。

「私はあんな先生にはならない！　そう思った先生もたくさんいました」と話しました。すると恩師からは「そんな教師だって、みんな給料もらっているぞ・・・」

私「ですよねぇ～」

俺が思うプロとは、「自分の名前で仕事ができる人間」「あなたにお願いしたいと指名される人間」「あなたがいなければ困ると言われる人間」

なぜお前にこの質問をしたか？　それはこれから出会う子どもたちは先生を選べないんだ。とくに公立学校にはそのシステムがない。だからこそなんだ。

少しでも多くの生徒から、「先生のクラスで良かった」「先生が教科担任で良かった」「先生に出会えてよかった」と言ってもらえるように自分から努力する意識が必要だ。なぜなら教師には聞こえてこない陰で言われている「当たった・ハズれた」。それは親からもだ。

お前が親になったら教師であっても必ず同じことを言うぞ・・・。

そしてはなむけとしてくれた言葉が、

「アマは言い訳を考える・プロは対策を考える」「アマは自分中心・プロはお客様中心」「アマは責任を取らず・プロは結果にコミット。責任を取る」

職場で憧れ・目指す先輩を見つけ、子どもたちに成長を求めるのなら、まず教師が学び、成長をやめないことだ。これからの時代の流れは早いぞ、取り残されないようにしろよ。そして自分の子どもも通わせたい学校を目指せよ。

以上が、私自身が今でも大事にしている「プロの定義」であり、心構えです。

自分の人生であり自分で選んだ仕事です。仕事が面白くなかったら、やりがいを感じられなかったら、生きている喜びは半減してしまわないですか・・・。

もしそうであるなら、そんな姿を、わが子をはじめ、学校の子どもたちは見ています。自分の仕事に誇りを持ち、楽しさや喜びを語りたいものです。先生っていい仕事だと私は思っています。

1．先生になりたい

全国を講演で回りますと、たくさんの方々とのご縁を頂き、たくさんのお話を聞かせてもらうことができます。

そのお話の中で特に、「自己成長、自分磨きの必要性」に多く気づかされます。多くの方が熱く語り、「これからの子どもたちのために」との想いを伝えてくださいます。

そこで聞こえてくる声です。

「先生ってイイ仕事だよなぁ〜」

「俺も今からでも先生になりたい」

そんな大人たちがたくさんいてくれます。
現役の先生方、この声を聞いてどう思われますか？
現在は教職を離れた私ですが、この言葉を聞くたびに心底嬉しくなります。そして
「イイ仕事ですよ!!」と思いっきり返事をしてしまいます。

そう言ってくださる方にいつも訊きます。

「何でそう思うんですか？」


すると、皆さん同じ事を言います。

「夢を語れるから」

「夢を一緒に追えるから」

「夢を形にできるから」

「子どもたちの成長を目の当たりにできるから」

ただ自分の理想を言っているわけではないんです。この皆さんは、実社会において夢を叶えてきた人たちであり、夢の叶え方を知っていて、まだたくさんの夢を抱きながら今を生きている人たちなんです。

この人たちの持っている繋がり、学びからの人脈がスゴイのです。

自分のこれまでの経験を話すだけでなく、未来を熱く語ります。決まっていう言葉は、「ダイヤモンドの原石である子どもたちに、今も未来も本気で輝いて欲しい」です。

「そうでなければもったいない」「今起きている成功も失敗も、大人になった時にとっても素敵な財産になる」「原石磨きはいつからだって遅くない」

そんな言葉を、確信と情熱をもって子どもたちにぶつけてくれる方々です。

こういう方たちに出会え、授業をされたら、
「生きるってこういうことか」
「生きるって楽しいことなんだね」
と子どもたちは目をキラキラさせて笑顔になります。今の自分の生き方を本気で見つめる子どもたちが必ず増える気がします。

それはまさしく憧れと言っていいでしょう。この方たちは待っています。先生方から声をかけてもらえれば、いつでもスタンバイOKなんです。子どもたちのために、先生方を応援したいと思っている方がたくさんいます。

私の知人に、自分の子どもたち、地域の子どもたち、さらには茨城県の子どもたちの成長を考え、熱心に活動しているお母さんがいます。

日本中の先生方を応援し元気にする「あこがれ先生プロジェクト」の大会を、茨城県

ひたちなか市で主催しました。

このお母さんのように、先生方を心から応援したいと、思って目をキラキラさせている親御さんや大人は全国に本当に多いんです。その想いと声がもっと先生方に届く事を願わずにいられません。

私も日本中の頑張っている先生方を応援し続けます。

学校教育の中に社会教育も大切です。資源は周りに沢山あります。

2. 叱り方に差をつける

中学校の校長先生とお話をする中で、次のようなことをお聞きしました。

先生や保護者の方が子どもたちを叱る姿を目にするとき、

「そこまで叱ることかな・・・」と思えてしまうことが多いそうです。

その口調は、諭し気づかせる「叱り」ではなく、むしろ感情的であり冷静さを欠く「怒り」になってしまっている。これでは、子どもたちが感じることは「叱り」ではなく「恐怖」としか思えないことも度々です。

校長先生曰く。

「叱り方に差をつけられる大人や教師が少なくなった」

そのため、子どもたちは、「自分のしたことの何が悪いのか」「どうすればよかったのか」がよく理解できず、内心反発するか、表向きだけ「ごめんなさい」をすることになってしまいがちです。

生きていく上で本当に大切に守らなければならないこと、やってはいけないことの優先順位が、理解や整理できずに分からなくなっているのが子どもたちの現状です。

悪いことは悪い。正すことは正す。それはもちろんですが、命に関わる事柄と、遅刻や忘れ物の類いを同じ勢いで怒られたとしたら、子どもたちでなくても、「また怒っている」「いつも怒っている」と受け取られ、本質の部分から外れてしまっているケースが多い、と。

校長先生のお話を聞き、叱る側が叱る際に、その優先順位の軸を明確に持っていないことが原因の一つではないかと感じたときでした。

少なくとも、自分の教師時代を振り返ってみて、そして今現在、子育てをしている親として、耳が痛くなるのと同時に、自分なりの生き方、叱り方の軸を確認する必要性を感じました。

この事を友人に話すと、大人自身がいろいろな原因からストレスがたまり、常にイライラ、ヒステリックになっている、そういう現状にあるのもその一因だと言いました。

「なるほどねぇ〜。俺はそうでもないよ」で済まされる問題ではない中、自分がそこまでストレスを抱えずに毎日を生きられるのは、そういう生き方をするまい、私はそうならないと意識する自分がいるからかも？

と同時に、その気持ちを理解してガス抜きをしてくれたり、アドバイスをしてくれたりする仲間や家族が私にはいます。その存在が大きい気がします。とてもありがたいことです。

どんな環境でもチームワークは大切です。相談できない、「助けて」が言えない孤独はキツイです。

3. 名を取るより実をとる

講演の際、たくさんの主催者様とご縁をいただく中、カッコイイなぁ〜と思う校長先生にお会いできました。

その方が5年前に校長先生になられた時、赴任した高校は定員割れするような学校だったそうです。生徒さんたちの無気力感、自己肯定感の低さだけでなく、先生方にも不完全燃焼さを感じた校長先生でした。そこで校長先生が掲げたスローガンが「チャレンジ」でした。

まずは、自らが動く。まずは、自分と生徒たちとの信頼関係を作るために、土日の休みにも部活の応援に行き、学校では部活であったことを生徒たちに伝え続けました。

いつしか生徒さんたちから「チャレンジ校長」と言われるようになったそうです。

話はここからです。3年後、学校が少しずつ良くなりはじめた頃、教育委員会から異動の打診があったのです。にも関わらず、この校長先生は、この学校であと2年、生徒たちと先生方と一緒にいたいと教育長に直談判に行ったのです。

その県では校長が5年間同じ学校にいるという前例はなかったそうですが、強い思いが通じこの高校でご退職を迎えられます。校長先生は、生徒たちが、先生がたが、この学校が、大好きで仕方なかったんです。

同時に、地域の方やOB・OGとの信頼関係が、見えない力として働いたことは言うまでもありません。まさしく名より実をとることを信念として実践した先生でした。

名前、経歴、肩書きで生きる人生もあり。自分の信念に基づいて姿、行動で今を生きる人生もありです。自分が人前で言っていることを、生き様で見せるとはどういうことなのか。

「校長の私が、生徒や先生に『夢を持ち、チャレンジしろ』と言っているんです。生徒、先生たちにウソをつくこと、裏切ることはできません」

「人を動かすのは理屈じゃなく、情熱と行動なんです」

その言葉にはもの凄い説得力がありました。

私の周りには、道を極めることに情熱を注いでいる方が大勢いらっしゃいます。そんな皆さんに共通していることは、「自分が」ではありません。自分が思う大切な人のため、地域や世の中のために、その「志」を持って今を生きている方々ばかりなんです。

そして、こう教えてくださいます。

「目先の益を追うものは益を失うのも早く、自分の肩書きや力がなくなったとき、潮が引くのと同じように人が引き、あとには本当に大切なものは何も残らず」

私も注意します。

4．生徒、子どもたちへの一番のキャリア教育の実践者は

高校での講演で「命の授業」をするときは、人権や生き方、あり方のキャリア教育、というテーマで講演に呼んで頂く事が多いです。

先日も、高校の校長先生と講演後にお話をしていたら、「腰塚さんの話を聞いて改めて気づかされました」と。

「何がですか?」とお聞きすると、

「生徒たちの一番のキャリア教育の実践者は目の前にいる私たち教師である」

「教えるのではなく、姿で見せて感じさせる」

そのとき正直に思いました。校長先生がこんなことを言うんだ・・・。嬉しいような、でもそれって本当は当たり前のことでは・・・。

先生方に限った事ではなく、子どもにとって一番最初のキャリア教育の実践者は親です。私自身も一人の親としていつも自分に言い聞かせている、あるメンターからの言葉があります。

「子どもに申し訳ない。ありがたいと思わせるくらい働きなさい。決して子どもの前で仕事や同僚の不平不満は言いなさんな。そして奥さん、親の悪口も。そして生きていること、仕事を楽しんでいる姿を見せなさい」

毎日がそうはいきません。でも、子どもの前では、自分の決めた仕事に対して白旗を上げるような行動は絶対にしないと決めて生きてきました。私の周りは今を本気で生きる大人たちしかいなくなりました。

これからの自分のキャリアが楽しみです。当たり前のことを当たり前にできること。子どもに言っていることをまず自分がやること。「凡事徹底」です。

知ることとやること、できることはまた違いますけど、私はやり続けます。息子の「ドリー夢メーカー」でいたいから・・・。子どもたちからがっかりされる大人でいたくないから。

5. ランドセルの中身

先日、小学校での講演の後、校長先生がおっしゃいました。

「子どもたちの毎日背負ってくるランドセルの中身は教科書だけではなく、腰塚さん同様、『助けて』を言いたいことも一緒に背負ってきているんですよね。子どもたちには、もっと学校で爆発して良いのに・・・、イイ子すぎる・・・と思うこともたびたびです」

とても素敵な校長先生でした。


ある中学校では講演後、校長室で少し休んでいたら担任の先生が、

「これ見てください・・・」と講演後に生徒さんが書いてくれた感想文を見せてくれました。

そこには、「お父さんが仕事でうつ病になり、会社を辞めました。そして先日、家族みんなで一緒に死のうと言われました。今、本当に家の中が色々苦しい状態です。でも、『命の授業』を受けて私は絶対に死にません。家族みんなでお父さんを支えて生きていきます」とありました。

担任の先生も全く知りませんでした。

校長先生が「この子も誰かに知って欲しかったんですよね。私たち教師も知ることができて本当によかったです」としみじみおっしゃいました。

心にのしかかる重い荷物をそっと置ける場所。頼れる人がいる場所は本当に大切です。子どもたちに、少しでも「助けて」が言ってもらえる生き方を、先生方と一緒に考えることができたら、と思う毎日です。

そんな私には、「助けて」が言える人たちがたくさんいてくれることが何より宝物です。だからこそ今を本気になって生きることができます。
私には、恩師からもらった今でも大切にしている、あの女優オードリー・ヘップバーンの言葉があります。

「これまでの人生でテクニックに裏打ちされた自信を持ったことは一度もありません。でも感性さえ磨いておけば、どんなことでもやってのけられるものです。感性さえ磨いておけば策はいくらでもあるのです」

これを「生きるセンス」というのだと恩師が教えてくれました。仕事のセンスも同じですね。

6. 下からは良く見える

先日、定時制の高校生に講演をさせていただく機会を頂きました。紹介してくださったのは定時制の生徒さんたちや先生方の応援と教育に関わっている地元の経営者の方でした。

「たまには定時制の生徒さんたちへの講演はどうですか。おそらく学びと刺激は大きいと思います。なぜなら、上からは見えないものがたくさんありますが、下からは良く見えますから」

その経営者の方の言葉の意味、それはあなたの言っているその言葉、どの口が言っているかということであり、本気が試されているということはすぐに理解できました。

あとで聞いたのですが定時制の先生が、前に私の話を聞いていてくださり生徒たちに聞かせたいと相談されていたそうです。

そんな想いの中で、生徒さんたちと出会わせていただけたことに感謝でいっぱいでした。

「腰塚先生、こんばんは」の横断幕を持った生徒さんたちが出迎えてくれたんです。感動でした。3・4年の生徒さんが自分達から考えてくれたそうで、彼らの顔には定時制の生徒であるプライドまで感じました。

「ここまで成長できるんだ～」と私の勝手な定時制の生徒さんたちへの思い込みが壊れた瞬間であり、やっぱり生徒は教師の鏡。ここまで生徒さんたちを育てあげる先生方、さすがです。

一方、ある学校でのことです。

新たに校長先生になられた先生が一番驚き辛かったのは、現場の先生方にもっと学校を良くしようとする熱意がなく、良くするための提案には必ず現状維持の抵抗勢力が現れることだったということでした。

救いは生徒さんから言われた、「校長先生、今までの先生とは違うね」の言葉だったそうです。そして講演後、生徒会長くんが私に「僕は校長先生と一緒に日本一の学校を目指します！」と言ってくれました。

子どもたちは見ています。子どもたちは求めています。信頼でき、憧れを持てる大人、教師を・・・。感動を与えてくれ、自分たちの心に火を付けてくれる大人、教師を・・・。

見られてもいい、見せてもいい背中で、のぞかれてもいい心で、聞かれてもいい言葉で、今日一日を生きたいものです。子どもたちは見ています。聞いています。私たち大人、教師たちの姿を、その言葉を・・・。

「ガッカリされる大人、教師ではいたくない」

これって、私たち大人の共通の思いであり、願いだと信じたいです。

7. 学びを、自分を責める材料にしない

先日、講演を聞いてくださった方からこんなことを言われました。

「腰塚さんの話は自問自答することが多いですが、たくさんの元気と優しさをもらえ、明日からまた頑張ろうと思えました」「命の喜ぶ幸動《コウドウ》の宿題はいいですねぇ～」

またこうも言われました。

「人の話を聞いたり本を読んだりしても、どうしても『自分はできていない』『自分はダメだ』『自分には無理だ』と思ってしまいます」

「これからの自分の成長を求めて学んでいるはずなのに、『自分はダメな人間だ』と自分を責め、追い詰める材料にしてしまっていることが今まで多かったです」


この話をお聞きして、正直なところ、喜ぶと同時に深刻になりました。

学びって、本当はワクワクするはずなんですよね。

私が教師のとき、子どもたちに感想文を書かせる際に必ず言っていたことは、「感想文は未来形で書いてね」でした。

「～と思いました。～と感じました」の過去形で終わりにせず、

「私はこれから～しようと思います。～をやってみようと思います」と未来形で書くように指示しました。

そして、子どもたちに少しでも自信を持ってもらうために、結果より行動を見てあげることを意識しました。


この言葉は、学生主任からもらった言葉です。

「自信がないのは、学びが足りないのではなく経験が足りないだけ。いくら本を読んでも自転車に乗る自信はつかない」

現状を知ることは大事です。でも、学びを自分を責め続ける材料に使うのではなく、これからの自分の成長のキッカケにしてもらえたら・・・。

講師としての自覚は、親として、大人として、話を聞いてくれる人たちが凹むのではなく、少しでも元気に、未来のある生き方をしてもらえるように！

そんな伝え方をするための努力をこれからも続けたいという思いです。

8. 校長先生が少なくなった

先日ＰＴＡの方と話す機会があり、会長さんがこんなことを言われていました。「学校に校長先生が少なくなった」

「どういう意味ですか？」と私が訊ねると、「校長先生の代わりに管理職が増えた」と会長さん。

校長先生と管理職、その違いとは？　考えてしまいました。

会長さんは続けてこう言われました。

「まず今の校長さんは生徒の名前を覚えようとしない。学校で緊急な対応が必要な時も、まず教育委員会からの通知を確認してからと、すぐに動きません。自分の身を安全な場所に置き、保険をかけてから対応する人が増えました」

私も教師時代に経験しました。ある日学年トラブルがあり、校長先生に報告に行くと、トラブルの対応を指示するのではなく、ひと言「ミスがないように」という返事でした。

「あなたの思っている〝ミス〟って何でしょうか」

この人は何かあっても、教師と一緒に責任を取ってくれないんだと感じたことを覚え

ています。（よっぽど自分の大切なものに傷がつくのがイヤだったんでしょうね）

さらに会長さんは続けます。

コロナで宴席・懇親会がなくなって先生方との交流の機会がなくなったこと。そして、それ以上に、先生方が「忙しい」を理由に、保護者との教育談義ができなくなっていることを危惧していること、などでした。

逆に、愚痴と他力（他者依存）が増えたこと。教師がサラリーマン化し、説明責任と成果主義の傾向が強くなっていること。先生方同士だけでなくＰＴＡとのつながりがなくなり、教育現場の情熱は弱くなっていると感じていること。

この会長さんは、子どもだけでなく、先生方の教育環境の改善を常日頃から熱心に考えている方のお一人なだけに、この危惧は的を射ている気がします。

上の人間が守りに入れば、自ずと下には、ミスが起きないようにする指示と業務は増え、校長先生ではなく管理職が増えるのも当たり前。

現場の先生たちはどう感じているんだろう。校長先生と管理職の違いなんて考えたことあるのかなぁ。

私を講演に呼んでくれる学校の校長先生の多くは、子どもたちの命を守ること以上に、命を輝かせることに重点を置いていらっしゃいます。

そこで大切にされていることは、先生方が元気なこと。先生が安心して自由に動き働ける環境をいかにつくるか・・・。そして、動かない先生方に対しては、子どもたちが可哀そう！　と渇を入れ「私が責任を取るから」という校長先生が多いです。

会社も家庭も社会も同じかもしれませんね。上が守りに入り、何かあっても責任を取らない。これでは、子どもも部下も言われたことしかしなくなるのは当たり前ですね。

校長先生は、学校という教育の現場で、どんな子どもたち、どんな先生を育てたいのでしょうか。学校に、「校長先生が増えること」と先生方の〝共育〟環境の向上を願っています。

9. 夢は「YOU・ME」

どんな人の夢にも困難はつきものです。でも、その困難を背負い、ともに歩んでくれる仲間がいます。仲間がいればこそ、そこには感動があります。

私は、仲間（教員、生徒たち、そして保護者の方々）がいたからこそ頑張れました。

夢があれば困難あり。困難あれば仲間あり。仲間あれば感動あり。

夢は今を生きる力です。夢があるから強くなれます。
夢を一緒に語り叶えられる仲間の存在はありがたいです。
あなたの今の夢は何ですか？　応援してくれる人は誰ですか？

夢はＹＯＵ・ＭＥです。

10．ドリー夢《ム》フェイス

学校の先生たちの研修では「笑顔を作ってから教室に入ってください」とお願いします。だって、ムスーッとしたような顔で教室に入ってこられたら、それからの1時間の授業、子どもたちはどんな気もちで受けることになると思いますか？

先生、怒ってるよね・・・、機嫌悪そう・・・。子どもたちはすぐわかります。そんな気もちでせっかくの授業を始めてほしくはありません。

先生がニコニコして教室に入ってきて元気よく、「おはよう！　今日も楽しく勉強しようね」と言われたら、子どもたちはどうでしょう。

子どもたちの気もちは、先生の顔色ひとつでどうにでも変わります。やる気も元気も変わります。

だからどうか先生方、「ドリー夢フェイス」を忘れないでください。子どもだけではありません、親御さんも上司の方もみんな一緒です。

笑顔の人の周りには人が集まり、不機嫌な人から人は離れます。

自分が笑顔でいることは実は、自分のためです。

一日どのくらい笑顔になれていますか。

11. 気もちの授業

「命の授業」をさせていただく中で、たくさんの先生、保護者の方から相談を受けました。その多くは、その方々の職場環境の中で日常的に起きる出来事や理不尽と思える周りの人たちの言動により、一様に、身体以上に心が衰弱している状態でした。

私は話を聴くことしかできませんが、毎回感じていた事は皆さんは、いつまで周りの環境や出来事、人、そして自分の過去の経験に囚われ、縛られ苦しみ生きていくのですか？　誰のご機嫌を、顔色をうかがって生きているのですか？

それで幸せですか？　楽しいですか？

そしてもう一つお聞きします、それで周りの環境や人は変わりますか？

皆さん真面目すぎるくらい置かれた環境で一所懸命に生きようとしている方ばかりなんです。でも、そこに自分なりの頑張る理由を持ち続けるが故の苦しさを持ってしまって、心まで周りの環境に支配されているんです。

いくら知識やスキルを持っていても、最後は健康な心と身体がそれらを司り動かしているここと、心と身体はつながっていて、どんな環境でも心を整えることは自分でしかできないことにも気づいていないんです。

というか、気もち、心の状態を重要視している人が少ないです。それは大人の世界だけの問題ではなく、子どもの世界でもそうです。

世間体ばかりに目が行き、学力評価ばかりが求められ、大切な自分自身の気もちがないがしろにされて、誰にも相談や悩みを打ち明けられない、そんな学校や家庭教育に危機感を覚えます。

どんな環境であろうが、どんな人と出会おうが、自分の気持ちは自分で守り、自分で整えるための「気もちの授業」がいまこそ大切だと実感しています。

12. 人格は足から変わる

「人格は足から変わる」という言葉と出会いました。本当にその通りだと感じ、強く残った言葉でした。

なぜなら、私自身もケガをする前は、何事も頭だけで考え、言葉だけで変えようとする傾向が強ったです。

時には要領良くずる賢くなり、人との距離ができてしまい、自分からは変われず、ただただ頭でっかちで、「でも・・・」「だって・・・」の自己正当の言い訳ばかりでした。

スポーツでは「足腰が大切」とよく言われますが、人格形成も同じはずですが、特に教育現場では、多くの先生が足腰ではなく頭から変えようとします。

なぜなら、その方が圧倒的に楽だし、見栄えもいいし、目先の結果はすぐに出るからなのでしょうし、やった気にもなり、自分には力があると感じてしまうからです。

大切なのは教育は「良樹細根」です。人格は根と同じ、足から成長していき、最後に頭に。時間もかかるし、忍耐も我慢も、時としてたくさん汚れることも恥をかくことも。しかしそれが最も人間を成長させ、実は副作用がないのかもしれません。

「真の知識は経験あるのみ」
目は臆病でも、手足は勇気を持っている。
すなわち手足を動かすことは、木でいう根を育て、人でいう心を育てること。まさしく「進路は心路」ですね。

動けなかった時の辛さと悔しさがあるので、動くことに面倒くさがらなくなったことが一番の怪我の功名です。心も育っていればいいですが・・・。

13. 研修とは

昨年8月、私が主催する、全国でご縁をいただいた先生方との勉強会「共志道」が宮崎市でありました。その際、講師の方が会場の先生方にこんな質問をされました。

先生方、「研修」の意味を知っていますか？ 当然、先生方は知っていますよね。そうです、「研修」とは「研究」と「修養」です。当然、研究と修養のそれぞれの目的も知っていますよね？

ただ一つ、皆さんは学校現場にいて不思議に思ったことはないですか？

「なぜ、学校現場には研究主任はいて研究の時間はたくさん取るのに、修養主任はいないのでしょうか？ そのため、修養という教員の人格向上については、個々人に任されているのですが、皆さん意識して何かされていますか？」

そして、「木こり」の例えを話されました。

ある木こりが、刃がボロボロになった斧で木を伐り続けていました。通りがかりの人がそれを見て、「刃を磨いたほうが木は伐れませんか？」と伝えると、木こりは「忙しくてそんな暇はない！」と答えました。

先生方、心当たりはありませんか？　ご自分の斧の刃、磨いていますか？　斧の刃とは一体何ですか？　どうやったら磨かれるのでしょう・・・。

磨き合う「仲間」の存在も大切ですよ。類は友を呼びますから。常日頃「忙しい」を言っている方、要注意です・・・。

14. 誰のために仕事をしているのですか

ある勉強会で講師の方が話されていたことです。

「世の中には目先の利益やノウハウばかり追う本や情報が氾濫しているけれど、一番大切なことを教えていない。それは、そもそもあなたが自分の仕事や商品に惚れ込んでいるのか、愛しているのかということ」

「ノウハウを学んだところで、自分が好きでもない仕事、惚れ込んでもいない商品が本当に売れますか？　そんな商品欲しいですか？　そんな人と一緒に仕事をしたいですか？　誰のために仕事をしているのですか？」

「仕事で苦しい時、辛い時、問われているのは『この仕事が好きですか？　本気ですか？』ということ。好きで、愛している人ほど悩みや苦しみは大きくなる分、それをエネルギーに変え、最後は結果を出すものです」

この話を聞いて自分に問いました。俺は自分の仕事を愛しているか？　教師の時も「命の授業」も、答えは「ＹＥＳ!!」だからこそまだまだ成長できます。楽しめます。誰のための仕事。おそらく答えは一つではないです。でも全ては自分が源。これは間違いありません。

愛は真ん中に「心」がある真心。
愛ある生き方、仕事を意識し続けます。

コロナ禍のオンライン授業ではイキイキしていた先生が、対面の授業になったら病気療養に？　本当に子どもたちが好きなんでしょうか？

15. 自主性と主体性

先日、社員研修の打ち合わせがあり、その中で担当の方が頭を悩ませていることを話してくれました。

社長や管理職の「売上目標優先」の対応に、「現場のこと何も知らないくせに」とみんなやる気を無くしています・・・。高学歴の新入社員は、上手くいかないと、自分はちゃんとやっているのに評価されていないと自己正当の言い訳ばかり・・・。

そこで、私が経営者の先輩から教えてもらった「自主性と主体性」の違いについて話しました。

自主性は、自分で考え行動すること（意欲・自信・行動力など）。その反対の言葉が「向他者性」（子どものために・お客様のために・地域のためになど）で、自主性＋向他者性＝主体性。

管理職のケースも、高学歴新入社員のケースも、自分勝手な理由をつけた都合の良い自主性の暴走では？

「その話、研修でしてください！」と担当者さんから言われました。

会社に限ったことではなく、学校現場でも、家庭でも、社会でも、都合の良い自主性の中で生きている大人が多い気がします。

そして、あっちこっちで飛び交う「せん！」現象。

できません。分かりません。やりません。知りません。聞いていません。関係ありません。自分ではありません・・・。「せん」のオンパレード。

「どこまで保身に走る?」「子どもか?」と、思わず驚いてしまう行動や言葉を平気でしてしまう大人たちがいます。

主体性を意識しながらせっかくの仕事、人生を生きていきたいものです。

思いやりと責任感のある組織はどんな時代でも必ず成果を出せると思います。よい人財を集めたかったら人を大事にすればいい。大事にするところに人も、物も、お金も集まって来ますね。

16. 仕事は仲間と共にするもの

先日、講演に伺った学校でのことです。講演依頼は2回目で、校長先生との再会を喜びました。

前回伺ったときにとても元気で好印象の30代の先生がいて、その先生の姿がなく「異動したのですか?」と校長先生に尋ねたら「退職されたと・・・」実は懲戒免職だったよう・・・。

これだけ教師への世間の目が厳しくなった今でもなくならない教師の不祥事・・・。頑張っている先生たちの信頼まで失われ本当に可哀そうです。

「なぜ教師の不祥事はなくならない?」

その原因の一つが、多くは「単独犯」。その意味するところは教師が職場にいても孤立し、孤独になっているのでは・・・。

新採用の先生から「もっと、先輩の先生方から子どもたちのこと、学級経営のこと、授業のことなど教えてもらえる、語り合えると思っていたけど、ほとんどありません・・・」「自分の思いや、やりたいことを語ると、あなたはやる気があっていいわね。と、先輩教師から言われます・・・」。

本当に先生方は大変です。授業以外にもやることがいっぱい。仕事にやらされている「受け身」状態に。自分のやりたい仕事は後回し、毎日夜遅くなってから帰宅では当然、ストレスやうつになってもおかしくない。

その原因を考えました。

核家族・少子化により保護者の孤立化、子どもへの虐待、ネグレクト。そして、極端な過保護から母子密着環境。

そのストレスのはけ口は、学校・先生。教師の不祥事と原因は一緒のような気がします。

こんな時代だからこそ、せめて先生たちだけでも仲良く、助け合い、まとまって仕事をしてほしいと願っています。

働き方改革も大事ですが、本当にシステム、仕組みだけの問題でしょうか・・・。仕事は仲間と共にするもの。先生方が子どもに教えたいのは教科の勉強だけでしょうか・・・。

子どもたちにいじめはダメ、仲間外れはダメ、と言っている先生がた、ご自分の職場環境はどうでしょうか・・・。

語り合う、つながり合うこと、もう一度見直しませんか。そんなに時間や労力が必要ですか・・・。

学校現場、社会の中に、信頼し、ついていきたくなる「リーダー」がいなくなったことも原因の一つだと感じます。

17. 見習うところはどこ？

ある先生が校長先生に「来年もうちの学校にいてください」とお願いしたそうです。校長先生が「どうしてですか？」と尋ねると「子どもたちが変わりました。というより先生たちが変わりました」

「先生たちのどんなところが変わったように思うのですか？」と再び校長先生が尋ねると「仕事の量は変わらないのですが、先生たちに心の余裕があり、安心して仕事をしているようで、みんな明るく仲良くなり、元気になりました。校長先生の人柄が先生たちをそうしているのだと思います」

その校長先生のことは私も知っていて納得でしたし、私も教師時代、そして経営者になってからも、恩師や先輩から一番大切だと言われ続けたことが「見習うところを間違えるな」でした。

さらにこう続けられました。

「結果を出している人、成功している人をマネすることはとても大事なこと。でも多くの人がマネする部分を間違えてるから、いつまで経っても上手くいかない」「マネなければならないのは、ビジネスモデルでもなければノウハウやテクニックでもなく、その人自身の生き様、あり方、心構え、志。仕事に対しての向き合い方、責任の取り方。仕事にはその人の人格が現れる。人格を磨き続ける人はどんな仕事でも成功できる」

なぜなら成功、結果は自分の人格に比例して後からついてくるものだと知っているから。こんなこと言ってもらえる校長先生、どのくらいいるでしょう。うちのスタッフはどうだろう・・・。心配になりました（笑）。

18. 休むも仕事

あるプロアスリートから聞いた話です。「練習において栄養管理と同じくらい大事なものがあるのですが、何んだと思いますか？」答えは「休養」。身体的にも精神的にも自分を追いつめ、ストレスのかかるトレーニングをするからこそ成長はあるのですが、その過程で大切なのがそのストレスと疲労を消化・回復させる余裕を作ることも必要不可欠だということです。

それが休養。辛く苦しい状態が続くと、心身の体力は慢性的な疲労感から衰退していくだけでありセルフイメージも下がる一方。休養はサボることではなく実力発揮のために必要なのです。

この話を聞いた数日後、夜遅い電車に乗っていたら部活帰りの生徒さんが爆睡状態でした。こんな時は、お年寄りや小さい子供がいて「席を譲ろう」という気もちはあっても、自分から立って席を譲ることはできないよなぁ～。

疲労困ぱいな時は、とても人のために行動するような心の余裕など残念ながら起きないものです。疲労はポジティブ・シンキングを阻害しかねません。

人のために何かをしようとするのなら、ましてそれが仕事であれば、まずは、自分の心身が元気な状態であること。だからこそプラス思考で目の前のことに取り組める。

プラス思考は「休養」というコンディション作りからも育まれます。先生方、年休をしっかりとりましょう。休むことも仕事です。

働き方改革が必要というより急務です。誰が、何故、ここまで学校の先生に仕事を押し付けるのでしょうか・・・。

子どもたちは、元気で、余裕があり、ニコニコしている先生が好きだから、子どもたちから顔色をうかがわれ、心配されている先生は、要注意です。

19. ファンはいますか

小田原に行きつけの釜めし屋さんがあります。近くに釜めしのチェーン店もあるのですが、お店はいつもお客さんで満席。手作りにこだわっていてメニューも豊富で味もおいしい。コスパはちょっとお高め。それでもこれだけの繁盛ぶり。このお店にお金を落としたい。

その一番の理由はオーナーであるママさん。料理を食べに来るよりママさんに会いに来る。ママさんと話がしたくて来る。ママさんの経営理念は「仕事はお客様の笑顔のために」お客様第一主義。よく聞く言葉です。

しかし「おいしかった～」なんて当たり前。その上をいくお客さんが喜ぶサービスを常に考え実践する。

リピーターではなくママさんのファンが集まるお店。予約も「この日、席空いていますか?」より「この日、ママさんいますか?」の方が多いからびっくり。

相手のことを考え喜ばすことに本気で取り組んでいると、同じ気持ちの人が集まり応援してもらえます。人は応援してもらえる人がいるから成功できるのです。

「人は情熱を傾け続けると「磁場」が変わる」と聞いたことがあります。人をひきつける磁力は変化することなのかもしれません。「私たちは自分が望むものではなく、同種のものを引き寄せる」周波数が同じともいえます。

ママさんにプロ意識がありながらも、お店もお客さんから育ててもらったものかもしれません。

あなたがいるから。あなたのお店に。自尊心は自分の理想に忠実に生きることでしか育めないものですね。

皆さんは今の自分が、今の仕事が好きですか。ファンはいてくれますか。

20. 校長のひとり言

４月から校長２校目の勤務が始まった。今年度から着任した学校はいわゆる部活動がなかった。３月まで部活動のある学校に勤務をし、先生方に働き方改革と部活の両方をお願いしながらも、みんな子どもたちのためにと頑張ってくれていた。

今度の赴任先は、部活動がない学校なんだから、先生方に少しは余裕があり早く退勤できている学校なんだろうと思っていたら全く違った・・・。いや、むしろ、先生方の退勤時間が遅い学校かもしれない。

その時に思った。部活があるかないかではないな・・・と。そう考えると、やはり、働き方改革なんてものは、教師の意識、教師のパラダイム次第なのかなとしか思えない。

教員より忙しい仕事なんて、たくさんあるだろうに・・・。教員よりブラックな仕事なんて、いくらでもあるだろうに・・・。魅力があるから教員という職業を選んだんだろうに・・・。

会議も減らし、部活も地域にお願いしたので、その分相当の時間を生み出しているはずなのに、勤務時間が変わらないのはなぜだ?

結局は、教員という職業に誇りを持って、自らの成長のため研鑽を積み、学校生活を楽しくできるかどうかにかかっているんだろうなあ~、と思う今日この頃である。

働き方改革より、まずは先生方の意識改革であり学校改革だ。

やりがいあるぞー。楽しもう!!

先生へのメッセージ

★なぜ先生になったのですか。

★子どは好きですか。

★仕事は楽しいですか。

★今、勤務する学校に自分の子どもを通わせたいですか。

★先生とはどんな人ですか。

★あなたはプロですか。

第3章
子どもたちへのメッセージ

小学3年生、僕の担任が本気で泣いた

家族は3年生になった僕、会社員のお父さん、パートに行っているお母さん、そして小学1年生の弟の4人家族だ。お父さんは休みの日や夜遅くまで仕事をしている。お母さんは弟と僕にご飯を食べさせて、学校に行かせてから、自転車でちょっと遠くへ仕事に行っているらしい。

僕は、勉強はあまり好きではないけど、まあまあの成績、普通らしい。
何となく学校に行くと、いつもの友達がいて話をしたりふざけっこをする。
校長先生のお話を聞いて教室に戻り、授業が始まる。
午前中の授業が終わったら給食、昼休みは仲のいい奴と遊ぶ。午後も授業があって、やっと終わったら掃除をして帰る支度をする。僕はなんのクラブもしてない。

3年生になると担任の先生が変わった。2年生までは、鈴木恵子先生、1年からの担任で優しかった。

新しい担任は男の先生で、体は小さいけど声は大きい熊坂修先生だった。

熊坂先生はスポーツマンで、恵子先生からは熊坂先生は大学時代はラグビーの選手だったと聞いた。

声が大きくてちょっとこわそうで、最初はクラスのみんなは緊張したのを覚えている。でもなれてくると、昼休みもみんなと一緒に遊んでくれたり、ギターをひいてうたを歌ってくれたり、クラスの雰囲気もだんだん楽しい感じになった。

30年も前のことだが今でも覚えている。新学期の5月のこと、学年クラス対抗の「ドッジボール大会」が行われた。たぶん熊坂先生が企画したにちがいない。

熊坂先生は、僕たちの活躍を期待して張り切っていたのだ。

そんな担任の気持ちもまったく分からず、僕らは、

「ドッジボール大会なんて嫌だな」「あたると痛いよね」「早くおわるといいよね」

そんな気分で、試合にのぞんだ。そんな気持ちだからやる試合負けてばかり。


結果は、「0勝7敗」、全敗の最下位。

「僕たち練習してないし」「負けても仕方ないよ」「どうせうちのクラスは・・・」

内心ではみんな落ち込んでいるのに、気にしていないような顔をして、帰りの会をしていると、熊坂先生が急に泣き始めた。大きな声で本気で泣き始めたのだ。


クラス全体がシーンと静まりかえったのを覚えている。

はじめは、何があったのかわからなかった。でも、先生が泣いている・・・。クラスの仲間はみんな息をのんだ。僕は胸が締め付けられた。

泣き声が止まり、そして熊坂先生が静かにみんなに向かって、こう話し出した。

「お前たちは、最初から今日の試合をなげていた」「最初から勝てないとあきらめていた」

「全力でやろうとしなかった」

その声は怒っているというか、むしろ悲しげな声だった。

「先生はな、ソレがくやしいんだ」

「お前たちは、勝った他のクラスと何か違うところはあるのか。同じ3年生だぞ」

「それがなんで全敗したと思う？」

「たぶん、最初から、勝っても負けても、どっちでもいいや」

「頑張って試合しても意味ないし、みんながやるから仕方がない」

そんなふうに、試合の結果について、クラス中が無関心だったり、あきらめていたからじゃないのか・・・

熊坂先生はなぜ、僕たちの前で大声で泣いたのだろうか。

最初から僕たちに期待していなかったら、全敗しても泣かなかったはずだ。僕たちは最初から、熊坂先生の言うとおり、試合をなげていたのだ。

この出来事があるまでは、僕も含めてクラスのみんなが、あることに向かって、全力で一所懸命頑張ったことがなかったのだ。

先生が泣いたことにも驚きだったが、もっと驚きだったのが、次の日から放課後、体育館でドッチボールの「猛特訓」が始まったのだ。

大学ラグビー部出身の先生。体育館の壁側に、クラス全員をならべて一人ひとりに容赦のないボールを投げてきたり、強い球を投げる練習が毎日続いた。

はじめはビックリして、上手にキャッチができなかったり、投げ方が弱かったクラスのみんなが、しだいにボールを怖がらなくなり、先生のボールを取れるようになりうまくなっていった。

いつの間にか、自分たちから進んで一所懸命に練習をしはじめた。楽しくなった。自分達が変わりはじめている実感が喜びになった。

3月に再びクラス対抗「ドッジボール大会」があり、僕たちのクラスは、7勝0敗で優勝した。これは本当の話だ。

優勝した「感動」を僕は初めて体験した。何といっていいかよく分からないが、うれしいのは当たり前だが、みんなが同じ気持ちになって・・・。

こんな気持ちは初めてだった。みんなの喜んだ笑顔が今でも思い出せる。

そして、熊坂先生は再び泣いてこう言った。

「お前たちはやればできるよ」「夢はみんなで本気になって努力をすれば叶うよ」と教えてくれた。

「負けた（失敗した）ことに対する〝くやしさ〟が、考える機会を与えてくれた」「勝った（成功した）体験が、やればできるというエネルギーになった。感動は与えてもらうのではなく、自分たちで作り出すもの」

僕が、教師になった原点はこの体験によるものだと思っている。

「9歳で出会った最高の幸せ」、これは僕、いや私の人生の宝物だ。

1.「忘己利他」～もうこりた～

比叡山って皆さんご存知ですか。滋賀県大津市にある天台宗の総本山です。歴史上「織田信長による焼き討ち」で知っているかと思います。

先日、その比叡山に伺うことができました。

私の大好きな言葉に「一燈照隅」（いっとうしょうぐう）があります。

「どんな人でも素晴らしい役割を持って生まれてきていて、その役割を通じて、世のため人のために自分にできることを尽くすことが大事なことである」と解釈されています。

しかし、その役割に気づけ、自分の人生を生きている人はそれほど多くない気がします。それを見つける方法の一つが、少しでも世の中のために、身近な人のために私ができることを考え、行動する意識を持つことで、自分の人生（運命？）を変えていくことができるのではと思うようになりました。

そんな話を友人にしたら、「お前がそう思うようになったキッカケは？」と訊かれ、「やっぱり事故の経験が大きいかな」と伝えると、友人は「もうこりたんだ」って。「もうこりた」ってどういうこと?!

すると友人は、こう書くんだよって。「忘己利他」。まず自分の事より人の為（利）を考える。

私の友人たちには、ご自分の「一燈照隅」を知り、「忘己利他」の生き方をしている人が多いです。その姿は、楽しそうでみんな笑顔がすてきです。

おかげさまでこの世での自分の役割に気づかせていただきましたが、まだまだ利己（自己中）の固まりの私。「忘己利他」の境地に立てるのはいつのことやら・・・。

今させていただいている命の授業を一生懸命に生きることで近づいていけると信じて、

毎日を生きていきます。一緒に笑顔になれる友人たちに感謝です。

2. 裏方を知る、陰を知る

毎日のようにテレビで見かけるお笑い芸人やタレントですが、その多くの方が吉本興業という会社に所属しているのは知っていますよね。所属するタレントは約6千人もいるそうです。

先日、そんな吉本のトップの芸人さんのことをよく知る方のお話を聞くことができました。

トップの芸人さんたちには共通するものがあり、少し売れ出した芸人さんが、そこから上に登りつめることができるか、逆に“一発花火”で終わるかはすぐ分かるということです。

それは、売れ出した時に誰を大切にしているかを見れば分かるそうです。後輩や裏方の方をふだんから大切にしている人には、その後、登りつめていく階段が用意されているそうです。

誰がその階段を準備してくれるかといえば、その後輩や裏方さんたちであり、それを同じようにやってきたトップの芸人さんたちだそうです。

その行動ができる人の原点には、自分が苦しいときの支えになってくれた方への感謝があるからであり、その感謝を忘れたときに、階段はすでに下りになっているということです。

皆さんにも「陰で支えてくれた人」で思い当たることがあるでしょう。

自分ひとりの力で成長できたわけではないんです。

お父さんお母さん、家族のみんな、先生、友人。みんなのお陰です。

「裏方を知る。陰を知る」

いつも支えてくれる人たちへの感謝を忘れてはいけません。


講演で必ずする質問で「あなたのドリー夢メーカーは誰ですか。」

「あなたは誰のドリー夢メーカーになれていますか」

一人で生きていません。

3. 気づきに気づく　～間にあってよかった～

先日、尊敬するある方から「あなたの命の授業を聴いて、その後どのくらいの人がドリー夢メーカーを意識して、何かしらの行動をしてくれていると思う?」と質問されました。

私は、「1／3くらいは・・・」と言いたかったところですが、「おそらく0に近い」と答えました。

すると、その方はこう言いました。「多分そうだろうね」「いい話だったと言った人やそんなの知っていると思って聞いていた人は絶対に動かない」

感動とは「感じて動」く。どのような場面であったとしても、「あっ！　そうだったのか！」と一つでも自らが気づいた瞬間に人は動き出す。

往々にしてその気づきは、悩みや苦しみ、不安と直面しているときや本当に学びが必要と感じている時にやってくる。

それでも間に合えばいいのだが、自分のセルフイメージが低くなりすぎてしまい気づいても「どうせ・・・」と動けない人もたくさんいるけど、あなたは間にあって良かったなぁ〜と。

生かされていることに気づくことを「ありがたい」というんだ。
生かされていることに気づかぬ自分に気づくことを「すまない」というんだ。
迷惑かけて「すまない」から「ありがたい」が生まれるんだ。

私は、ありがたいことに「あっ！　そうだったのか」と気づく学びが毎日のように訪れます。間に合ってよかったです。

セルフイメージだけは高い私です。あきらめの悪い私です（笑）。

4. 人生最高!!　～自分で決められる～

先日、私の大好きな経営者の方と久しぶりにお会いでき、お話が聞けました。「人生最高！」が口癖で、その言葉に私は共感しています。その方はこう言います。

「やるかやらないか。適当にやるか一所懸命にやるか。楽しくやるか苦しくやるか。どちらが正解かなどは存在しないが、日々生活の中で選択しなくてはならないことばかりである。そこで何が大事か？」

「それは自分で決める、自分が決めたということ。どんな選択も結局は自分で決めていて、やらされていることも結局は自分でやると決めたのだから、そのことをもっと意識するべきだ。特に日本は、自分で決められることが多いのだから、幸せだ」

ちょっと話がちがうかもしれませんが、お母さんから「ちゃんと勉強しなさい！」とよく言われますね。「ああうるさいな！　やればいいんだろう」って思います。でも勉強はお母さんのためではなく、結局は自分のため。

「する、しない」は自分で決めるということ。

そしてこう続けました。

「決断・選択は、大人であろうと子どもであろうと、夫婦であろうと、人それぞれの生命そのものの領域であり、侵してはいけない。

自信を持てと人は言うけど、ほとんどの人は結果が自信を作ると思っているから結果が出るまで自信を持てない」

「しかし、自信とは自分を信じることであり、信じるかどうかは自分の過去や今がどうあれ、自分で決めればできること。まずは今の自分を信じると自分が決めること。俺なんか根拠のない自信の塊だったよ（笑）」

「あなたもそうだろう？　なぜケガから復活した？」

「よく諦めるなって言うけど、家族が人が応援してくれたから諦めなかったと周りの人のおかげを理由にもできるけど、結局は諦めるのか諦めないかの選択があっただけ。あなたは自分の人生、諦めないことを選択しただけだよ」

「諦めないってどうすればいいか知っているか？　過去に意識が飛べば後悔や落ち込み

などの感情が生まれ、未来に思考が行けばあきらめや不安、散漫など心に揺らぎが必ず生じる。だから、今に生きることだよ。自分のできる目の前のことを一所懸命にすればいいんだよ」

「よしっ！」とまた一つ自分の中でシンプルにつながった時でした。自信がつきました(笑)。人生の主人公はいつも自分です。人生最高です。皆さんはどう思われますか。自信もちましょう!!

5. 夢を叶えた一歩

仙台の高校のバスケットボール部の生徒さんたちに「気もちの授業」の講演をさせて頂いた時の話です。講演のあと、一人の生徒さんが「私、高校卒業後理学療法士を目指しています。腰塚先生を担当したリハビリの先生にお会いして、話を聞くことはできませんか?」といいました。

私は「本気で言ってるの?」。彼女は「本気です」。

私は直ぐに長野のリハビリの先生に連絡をとり、OKが出ました。一緒に病院を訪問し、彼女は半日リハビリの先生と患者さんとふれあい、たくさん話を聴けたようです。

先生に「なぜ受けてくれたの?」と聞くと、「僕もたくさんの人の応援のおかげで今があるから、今度は少しでも役立つなら彼女の夢を応援したくて」と。「先生は私が目指すリハビリのモデルです。必ずリハビリの仕事に就きます!」と高校生の彼女に言わせてしまう彼。

伝わってくるものは仕事に対しての情熱と患者さんの立場に常に立つポリシーと成長を続けるプロとしての自覚でした。さすが私を復活させてくれ、女子高生の心までつかんでしまう自慢の先生です。


夢を叶えた高校生、全ての始まりは、自ら一歩を踏み出した勇気と情熱からでした。

「できるか、できないかではなく、やるか、やらないか」

彼女から大きな刺激を受けました。またこのタイミングでこんな言葉に出会いました。

「夢のゴールは自分のため、志のゴールは社会や人のため」。

私も負けずに志事を生きます。


皆さんにもできることです。

自分にとって本当に必要と思ったときは、

「できるか、できないかではなく、やるか、やらないか」

この気持ちを忘れずに一歩踏み出してください。

必ず先は広がります。

6.「守り」に入る

先日、講演で伺った学校での校長先生との会話です。

教師だけでなく、大人も子どもも世の中全体の人たちが「守り」の生き方をしている傾向が強く、その一方でネットの世界では歯止めのきかない、人を攻撃する無責任・無差別な発言の数々。

その理由は色々で「不安」「不安定」も一つの要因ながら、仕事でもプライベートでも「責任」を取りたくない、責任をもって生きようとしない、こんな大人の生き方が子ども達にも大きく関係しているのではということで意見が一致しました。

自分の思うようにならなかったら人のセイ、環境のセイにして、言い訳をして常に逃げ場を用意する生き方は「恥ずかしい」「カッコ悪い」ことだし、逆に責任ある行動をとらなければ人様に迷惑をかける。

大人とはそういうことを身に付けているものだと私は教わってきました。

私は正直、思います。人のことを誹謗中傷する人たちを見ると「そんな生き方をしていて人生楽しいのかな～」「暇な人たちだなぁ～」と。自分の命・人生の時間をそんなことに使っていたらもったいないです。その言葉、自分にも返ってくるんですヨ。

講演会でのことです。

中学生から「腰塚さんが考える大人ってどんな人ですか？」と質問されました。私は「感謝の気持ちを忘れず自分の言動に責任を持てる人」と答えました。

今だって私自身、不安や悩みはいくらでもあります。その中で毎日を生きています。でもそれは私だけではないですし、不安や悩みがあるから成長できることも知っています。

でもそのために大切なことは、自分が人生の主人公である事から逃げないこと、ごまかし流さないこと。

このことは皆さんにぜひ覚えておいてほしいこと、実行してほしいことです。

その時の状況で対応は違っても、私は目の前のことに一所懸命に頭と身体を使い、責任感を持ち、全力を尽くす命の使い方をしたいと思っています。

7. 二つの質問

茨城県取手市にある6校すべての中学校で「命の授業」をさせていただきました。

講演が終わると、生徒さん達からの質問タイムがあり、その中で一人の生徒さんが、

「お父さんが脳梗塞で倒れました。今、僕は何をしたら良いでしょうか?」と涙ながらに私に質問しました。

「君が辛い時は、友だちや先生の力を借りて、まず自分の学校生活を楽しく過ごすことが一番大事。お父さんには『一緒に頑張ろう』と声をかけてあげてください。そしてもう一つ、君がお父さんとこれから一緒にしたい夢を話してあげてください」と伝えました。

正解かどうかは分かりません。でも、彼の気持ちは痛いほどわかりました。私自身に生きるスイッチを入れてくれた「ドリー夢メーカー」がしてくれたこと、そして脳梗塞で倒れた父に私がしたことを伝えました。

もう一つの質問が、「腰塚さんは、もしケガをする前に戻れるとしたらどう生きたいですか?」。

これまでたくさんの質問を受けてきましたが、この質問は初めてでした。

その時に思ったことです、「このままで十分、今が幸せ」。

なぜなら、自分の障がいと生活の中での不自由さは受け入れながらも、自分を障がい者とは思っていないからです。腰塚勇人は身体の一部に障がいがあるだけなので・・・。

「命は今、自分が使える時間」「人生は今日の積み重ね」

健常者も障がい者も一日24時間は一緒。できない事は誰にでもあるから、出来ることを使い伸ばす。

過去の学びを生かしつつも、過去を引きずる生き方はしないと決めています。すべては自分が源だから。自分の人生の主人公は自分だから、だから今を感謝と共に生き切るだけです。自分の良さを思いっきり発揮して。

素敵な質問をありがとうございました!!

8. 迷っていい

「世間では、迷いやブレる事をすごく否定しますが、私は逆で、迷いやブレや葛藤を失った人はそこで成長は止まると思っています。

むしろ迷っていない、ブレていない、葛藤していない人は真剣ではないと思います。

本気になって生きるほど迷いはつきものです。」と。

私もこの人は！　と思える尊敬できる人にたくさん出会いましたが、なぜ尊敬するかというとブレない信念と行動で物事を成し遂げたからではなく、常にブレ続け、迷い続け、葛藤し続け、色々な事を考えて自己否定を繰り返しながらも、今を生きるその真摯な姿勢に尊敬の念を抱いたからです。

そんな中、今の私にドンピシャのメッセージを見つけました。

多くの人が、活躍している人を見て「凄いな〜、ブレないで貫いているな〜」と思っていますが、実際は違います。常に迷い続け、ブレ続け、葛藤し続け自己否定・自己反省を繰り返し、成長を掴み、進化を掴み言葉をつくっています。

実はどれだけ孤独で苦しんでいるかということです。

表面上はニコニコしていても常に恐怖心と不安があります。真に成長を求めるなら常にブレ続け、迷い続け、葛藤し続け自己否定し続ける真摯な姿勢が大切だと思っています。

大人だってブレまくっているんだから、君たち若者がブレているのは当たり前だ。

いつだって「壁にぶち当たって」「凹んだっていいんだ」

たくさんの失敗を繰り返して本物になれるんだから、これからも大いにブレまくろうよ。

尊敬する先輩の「柳の生き方で良いんだよ」「策はいくらだってある」この言葉を思い出しました。ありがとうございます。

迷って、悩んでいるのは自分の人生と正面から向きあっているからです。

9. あなたの目を今、売ってください

もし、君たちの目を、今売ってくださいと言われたら売ってくれますか？　生きてる人の目です。

私は目が見えず「両目を取り替えたら、見えるようになりますよ、と言われて両目を売ってくださる人を探しています。１億円でも10億でも、それ以上でもいいです。とにかく両目をすぐに売ってください。見えるようになりたいんです」

そういわれて、誰が売ってくれますか。きっとそんな人はいないでしょうね。片方の目なら、あげてもいいよと言ってくれた人が、今までに二人だけいます。それは、私の母と妻です。

すごいことです。逆に私に、あなたの手を売ってください。足を売ってくださいと言われても、私はいくら頼まれても売りません。

それだけ、私たちは生まれてかけがえのない大切な宝を無料でいただいているんです。

そして一つしかない命。生きたくても生きられない人に、命をあげることも売ることもできません。与えられた命、頂いた身体。今ある当たり前に感謝して、大切に精一杯使い切りたいです。

事故で車椅子生活になった野球部の高校生の話です。

バッティングセンターに行くのが夢でした。その夢が先日叶いました!! 初体験させていただき感謝です。楽しかったなあ〜。もっとやりたかったなあ! 今度はもっと早い球に挑戦してみたいです。

あなたの目、手、そして命。失って初めて気が付くのでは遅いこともあるのです。

夢は逃げません。ありがたいの反対の言葉は「当たり前」、今の当たり前って何ですか。

10. 足の引っ張り合いより・・・

先日、ある中学校で講演後、１年生の生徒さんから感想をメールでいただきました。

そこには、

「僕は５つの誓いの口と手足の使い方が一番印象に残っています」と書かれていて、「僕の周りには人の悪口や足を引っ張ってばかりいる大人が多くイヤな気持ちになります。

僕はそんな大人になりたくありません」

「悪口を言うより励ましやありがとうの言葉を言いたいです。そして足の引っ張り合いするのだったら、手の引っ張り合いをした方がみんなを助けられると思います。助け合いながら生活した方が楽しいいし、笑顔でいられ、いじめもなくなると思います。

腰塚さんが言うように自分の身体をどう使うかを決めているのは自分ですよね。だから僕は特に口と手足の使い方を大切にしたいと思っています」

足の引っ張り合いより手の引っ張り合い。目からウロコでした。本当にその通りです。子どもたちは大人をよく見ています。子どもたちからガッカリされる大人ではいたくないものです。

11. 人の心を軽くできる人

先日、友人と話をしていたら、「僕は仕事を通じて人の心を軽くしてあげたい」と言います。その彼が今一番大切にしていることは、相手の気持ちを聞くことです。

特に、悩みや困っていることです。相手に質問をするときは、「今何をやっているの？」と行動自体にフォーカスすると後が続かないそうです。

「今、どんな感じ？」「どんな調子？」と聞くと、そこから話は色々な展開を見せるそうです。

以前、こんな話を聞きました。
子どもに「今日学校で何やったの？」とお母さんが聞いたら、「別に〜」「うるせえなぁ〜」

と反応。

そこで、「今日学校どうだった？」と聞いたら、「楽しかった」「つまらなかった」。そして、「何でそう思ったの？」と話が続いたそうです。

人は気持ちを聞いてほしい、分かってほしい生き物なんですね。


ある方のことです。

本当は病気でありながら、周りに迷惑をかけまいと一生懸命に毎日を過ごしていたそうですが、周囲の人からあの人は元気そうだ、と誤解されてしまい本当は辛いと話してくれました。

その気持ちを伝えることができ、良かったと思いました。

先日、自己肯定感の低い人の特徴として、「感情体験の告白」が少ない傾向にあると聞き、納得でした。


私もケガの体験から、そして子どもたちの不登校や大人のうつ病の多さから、講演で

「気もちの授業」をしていますが、その中で、一番皆さんに伝えていることは、「自分の気もちを置いてきぼりにしない」ということです。

私自身、心がSOSを出しているときに、周りからの「ガンバレ」ほどきつかったものはありませんし、その期待に応えられない自分を益々追い詰めました。

親や先生からは、「人の気持ちを考えなさい」とは言われましたが、「自分の気持ちを考えなさい」とは一度も言われませんでした。

自分の本当の気持ちにフタをして人のご機嫌を取る。そんな子どもでした。周りからは優しい子と言われながらも、嬉しくなかったです。自分の感情・心の声にフタをしていたからです。

皆さんは毎日、自分の今の感情に目を向け、心の声と対話していますか？

大人や先生こそ、この習慣をつける必要があると思っています。

次の1～5の言葉をそれぞれ3回ずつゆっくり言ってみてください。一番しっくりくるのが今の皆さんの心の声みたいです。

1. 怒っていいんだよ。もっとあなたは怒っていい。
2. 自分に優しくていいんだよ。もっとあなたは自分に優しくていい。
3. 言いたいこと言っていい。もっとあなたは自分の言いたいことを言っていい。
4. 人と比べなくていい。あなたはあなたの存在だけで十分素晴らしいから。
5. 本当に良く頑張ってきた。あなたはこれまで本当によく頑張ってきた。

12. 四十年前の言葉は今も私の中で生きています

ゴールデンウィークになると毎年のように思い出すことがあります。それは中学生や高校生の時の部活の思い出です。お休みぜーんぶ試合でした。

当時はそれが当たり前で、県でも強かったので、チームとしても個人としても夢も目標もあり、充実していました。

40年前に、担任であり部活の顧問でもあった先生からいただいた、今でも大切にしている言葉があります。

「夢は逃げない。逃げるのは自分」
「自分が自分とした約束を守らない者は自信を失い、夢は叶わない」
「人との約束を守らない者は信用を失い人から応援されない」

ちょっと当たり前のように聞こえますが、厳しい言葉です。中学、高校時代、毎日が弱い自分との闘いでした。

ごまかしたい、ちょっとくらいは、言い訳、人のセイにしたくなる、自分に自問自答の毎日でした。本当に求められるものは口先の言葉ではなく行動する力。今でもあの経験が私の土台にあります。

自信は自分が自分とした約束を守ることだと改めて気づけましたし、すなわち「私はできる!!」

言い訳するときは、自分にとって都合悪く、耳が痛く、人に自分がコントロールされているだけ、主導権を握られているだけ、ということになります。

それはスポーツに限ったことではなく、仕事も人生も同じです。ある意味、病気もコロナもです。

「自分の人生の主人公は自分」
「人生に夢があるのではなく、夢が人生をつくる」

今、私が大切にしている言葉です。首から下が動かない時も、夢があったから頑張れました。夢は自由なwill。会いたい、行きたい、食べたい、欲しい、なりたい。何でもあります。

大事なのは叶う、叶わないではなく、具体的に考えること。
「あなたにとっての幸せって何ですか?」と聞いたときに、答えられない人がほとんどです。これでは、幸せになる努力ができるわけもなく、口から出る言葉も不平不満になるのは当たり前です。

生きるとは「具体性」。即ち、自分が自分とした約束。
出版の夢が叶いました。今ある環境に感謝を忘れず、次の夢に向かいます。いくつになってもどんな状況でも夢は持ち続けます。

13. なぜ、学校へ行かなければならないのですか？

講演後、中学生から「自分でネットでも勉強はできるし、友だちも気が合う人がいればいいし、なぜ学校へ行かなければならないのですか？」と質問をされました。皆さんならどう答えますか。

この時、看護師さんの研修時に講師の先生が言われたことを思い出しました。看護学校へ来る学生の半分近くは看護師になりたくてではなく、食べていくのに困らないように手に職をつけるため「資格」が欲しいからだということでした。親御さんや先生がそう伝えているケースが多いようですが・・・。

息子が中学生の時、同じ質問をされました。私が教員の時、子どもたちに伝えていたことを話しました。

「大人になった時、自立して生きていくための学びと準備の場が学校であり、その条件の一つが〝親がいなくても〟ということ」

そして「自立」とはこういうことだと伝えました。

①自分のことは自分でできるようになること。

②経済的に自分で生活ができるようになること。

③自分の居場所を自分でつくれるようになること。

④「助けて」が言える人がいること、助けてくれる人がいること。

①については「勉強ができることも大事ですし、学校でなくてもできますが、②③④については、周りの方から〝ありがとう〟の言葉をもらえる力＝人の気もちを考え行動できた事で手に入るもの、時にはみんなと仲良くやっていくために我慢も必要だからこ

そ、学校で生活する意味は十分にある！」ということを伝えました。

学力も重要ですが、それ以上に、人として魅力があり、憧れる大人や先生たちとの出会いをして欲しいものです。

もし、学校の子どもが教師、病院の患者さんが医師や看護師を「指名」できたら、ルーティン作業のような仕事ばかりをしている人は決して選ばれないはずです。皆さんなら、どんな大人を指名しますか？

14.「助けて」って言っていいんだよ。

人が苦しんでいるときに手を差し伸べてくれる人がいる。

言葉に出せない心の声を聴いてくれる人がいる。

私の場合、そういう人がいてくれたおかげで頑張れました。一人じゃ頑張れませんでした。

首から下が動かなかった頃の私に、今だったらこう言います。

「君は一人じゃないから」
「相談できる人は必ずいるから」
「あきらめなくて大丈夫だよ」
「助けて、って言っていいんだよ」
「自分の今の気持ちを大切にしていいんだよ」

君たちが今、「助けて」が言える人、相談できる人は誰ですか。

15. 悩みは言葉にした瞬間、小さくなる

先日行った学校にこんな素敵な言葉がありました。

「悩みは言葉にした瞬間、小さくなる」

本当にその通りだなと思いました。一人で抱え込まなくても誰か相談する人がいたら軽くなる。

そう簡単に人に悩みを打ち明けられない・・・、という人もいるでしょう。

でも、そのままの自分の気もちを分かってくれる人がいる。受け止めてくれる人がい

る。自分の立場に立ってくれる人がいる。

そういう人が一人でも二人でもいてくれたら勇気が湧きます。未来は変わります。

安心できるし、素直になれます。だからこそ、勇気を出して言ってみて欲しいのです。

「今、悩んでる」って。

『気もちの授業』の本、読んでみてください。

16. ドリー夢《ム》ワード

この言葉を言ったら安心する、元気が出る。

そんな言葉が「ドリー夢ワード」です。

安心する。元気になる。エネルギーが湧く。

辛いとき苦しいとき、自分を落ち着かせる。ホッとする。我に返れる。そんな言葉です。周りの人は言われたらうれしいからこそ、自分のために、自分なりのドリー夢ワードをたくさん見つけてみてください。ドリー夢ミュージック、音楽でもＯＫです。

17. ドリー夢《ム》アクション

私はすごく辛いときは自分のことを抱きしめます。これが私のドリー夢アクションです。よくがんばっているね、でも辛いよね、苦しいよね、って。

でも、よくやっているよ、自分のことをなんとかしようと思ってるんだよね、そう自分に言いきかせながら、自分のこころを抱きしめます。

ケガをするまでは、自分を抱きしめてあげたことなんか一度もありませんでした。でも、自分を抱きしめることができるようになり始めたら、気もちが落ちつき始めて、自分の人生の主人公は自分だと思えるようになりました。

自分の一番の応援者は自分でいい。自分の一番の理解者は自分でいいんだ、と思えるようになりました。

自分を元気にできる。自分を安心させる。自分をホッとさせる行動。呼吸でもOK。もちろん運動や体操も。

皆さんだったらどんな行動（アクション）をとるのがいいですか？

18. 人を助けることはできなくても、人を傷つけないことはできる

この間、すごくすてきな言葉と出会いました。

「人を助けることまではできない。できないけれど、人を傷つけないことはできる」

シンプルだけど、すごく深い言葉だと思いませんか。

私は、人を理解し、応援したいと思っていますが、本当に助けられるか、というと正直、自信がありません。

それでも、「せめて傷つけないでいよう。他人の心に刃を向けないでおこう」

一人ひとりがそんな意識で生きていけたなら、この世はもっともっと優しい社会になるのではないでしょうか。

19. 僕の学校に来てください

青森県弘前市教育委員会主催の家庭教育講演会で、講演が終わった時の出来事です。小学5年生の男の子がお母さんと一緒に私の所へ来ました。

そして彼は私に「腰塚さん、今日はありがとうございました。一つお願いがあります。聞いてくれますか？」と言いました。

「どんなお願い？」と聞くと、彼は「僕の学校にはいじめがあります。腰塚さんの命の授業を学校のみんなに聞いてほしいです。僕の学校に来てください！」と。

彼は顔を真っ赤にして勇気をふり絞って私に伝えてくれました。

私の講演中、「腰塚さんにうちの学校に来て欲しい・・・どうしたら来てもらえるの？」とお母さんに聞いていたそうです。お母さんは「直接お願いしてみたら」って言いましたが、まさか本当に行くとはお母さん思っていなかったようです。

彼の本気のお願いに「そうだね〜。だったらそこに教育長さんいるから一緒にお願いしに行こうか」と答えた私。

彼は教育長さんにも自分の思いを真剣に伝えました。

それから半年後、私は本当に彼の学校に伺うことができたんです。彼の本気さ。そして彼の思いを受けとめ夢を叶えてくれた先生方には感謝しかありません。

高校1年生になった彼の今の夢は教師になることです。教師になり、いじめのない学校をつくること。そしてまた私を自分の学校に呼んでくれるそうです。彼との夢、必ず叶えます。

大人や先生を信じてくれている子ども、まだまだ日本中にたくさんいます。そんな子どもたちを裏切るまねはできませんし、夢を与え頼られる大人でいたいものです。

大人の「無理・できない・やっても無駄そして人のセイ、自分さえよければ・・・」

子どもたちには聞かせたくない、見せたくないですね。

20. ダイヤモンドはなぜ光る？

皆さんはダイヤモンドはなぜあれだけ綺麗で価値があるか知っていますか。もともとはダイヤモンドの原石であることには間違いないですが、ダイヤモンドの原石にどんな人の手が加わったのでしょう。

そうですよね。「磨く」という高度な技術の作業が行われてはじめて、あれだけの価値を生む輝きが生まれました。ところで「磨く」という言葉、同じ意味で他の言葉に置き換えたらどんな言葉になると思いますか？

色々とあると思いますが、私が講演で生徒の皆さんに伝えた答えは「摩擦が起きる」でした。ところで、皆さんは今まで、家庭や学校での生活、あるいはプライベートでどんな摩擦の経験がありますか。

友達同士や先生たちとの摩擦、お父さんお母さんとの摩擦。努力しているけどなかなか夢まで届かない理想と現実のギャップという摩擦などなど。

たしかに摩擦が起きているときは苦しく辛いですし、自分と葛藤しています。その時にこそ思い出してください。摩擦は自分を磨く、成長するチャンスであり、ダイヤモンドになるチャンスなのだと。

自分が逃げていないから、課題と正面から向き合っているから、摩擦は起きている。

そしてもう一つ大事なことがあります。摩擦は熱を発するということ。その熱が高くなりすぎると全てが台無しに・・・。

人は、頭に血が上る。感情的になる。そうならないためにも、冷静になる何かが必要です。課題の解決のためには相談できる人の存在は重要ですね。

学校だと友達関係の悩みが一番かも知れませんね。人間関係の悩みの元は相手を自分の思うようにコントロールしようとするから。手に入れたいと思うから。世の中の悩みの原因はこれです。

誰にも、欲しいもの全部なんか手に入りません。思うとおりにすべてはなりません。だから、そこに摩擦という葛藤が起きて自分が磨かれる、成長できるチャンスが生まれるのです。

苦しい時ほど「自分にできること」「自分の努力ではどうにもならないこと」を区別し、自分のできることに集中しましょう。これこそ大人になったときに必要な生きる力の一つです。

21. 奇跡なんて起こせない

講演先を訪れた時によくいわれることです。「あの首から下が動かない状態から歩けて社会復帰するまで、よく奇跡を起こせましたね」

奇跡なんて自分で起こそうとして起こせるものなら世の中奇跡だらけです。

「どうして復帰できたんですか？」という質問に、「ゴール」と「覚悟」の話をします。

私が手足の動かない絶望の状態から、希望が持てるように変わった大きなきっかけは、いつ戻れるかわからない私に、3年生の学級担任を校長先生はじめ先生方が希望を持たせてくれたことです。

子どもたちに会いたい、学校に戻りたい！「夢」ができました。

そして次にしたことが、勝手に退院する日を決めました。夢を叶える日付を入れるとゴールになります。ここでゴールを設定したらもう一つ大事なことは、ゴールを設定した理由＝目的を明確にすることです。

何のためにそのゴールを決めたのかです。私の場合は、この命と向き合った経験を子どもたちに伝えるため。一緒に卒業式を迎え、一緒に感動するためでした。

ゴールと目的が明確になったらあとは、「今」自分ができることをやるだけ。覚悟をもってです。なぜならゴールにたどり着くまでには、たくさんの困難が待っているからです。

本当に辛かったリハビリ。「お前本気か？」「覚悟はあるのか？」と試される毎日でしたが、用意されている自分の未来は今の努力の延長上にしかないこと。ゴール達成には近道はないことを分かっていたので、毎日やることをやる。自信は自分がした約束を守る。これしかなかったです。

でも、そういう気もちで頑張っていると、周りに励ましや応援をしてくれる人たちが集まってきてくれたのです。ゴールが達成できない問題より、一番の問題は苦しい時、投げだしたくなり、続けられないことでした。

一人では頑張れないことがわかりました。もし私に「奇跡」が起きたとするなら、それは周りに助けてくれる人たちがいたからかも知れません。

その人たちは、私の覚悟した日々の姿を見てくれたからだと思っています。ゴールを決めるとは「すべきことを毎日する」ということです。

22. ありがとうドリー夢《ム》メーカー

昨年9月、命の授業のテーマソング「ドリー夢メーカー」を作ってくれた奥野勝利さんが48歳でこの世を去りました。

その数年前に命を守るために胃の全摘手術を受け、その後も再発防止のため入退院を繰り返し、辛い時はメールのやり取りをして励まし合いました。

全ては再び大好きなファンの人たちの前で歌うために。

自分の気もちを歌やオカリナに乗せることが一番届くと知っていた彼、音楽に対する情熱は人一倍で「声を取られず胃で良かった・・・」と。苦笑いするしかありませんでしたが、本当に人の心に寄り添う歌や自分の正直な気持ちを歌にぶつけていました。

奥野さんとのご縁は私が広島のお母さんと呼ぶ加藤りつ子さんからの紹介で、加藤さんは阪神淡路大震災で21歳の息子さんを亡くされ、息子さんの遺品の一つが最初で最後になった「親愛なる母上様」という手紙。

その手紙を奥野さんが知り、そのまま曲をつけて歌にし私もその曲を聴き、その瞬間に奥野さん会ってみたい。歌を聴いてみたいと心が揺れました。

お母さんと一緒に奥野さんのコンサートが聞けたこと。今となっては大切な思い出です。

昨年、奥野さんの体調が悪くなり、何度となく死の淵を彷徨いそのたびに復活をしたのですが、最後は面会に来た加藤さんに「死にたくない」「生きていたい」「もっと歌を歌いたい」「もっとみんなに伝えたい」と言って旅立ちました。

悔しかったと思います・・・。


世の中には生きていたくても生きられない命があること。

親が一番辛いのは、子どもが親より先に命がなくなること。


奥野さんとはもう会えないけど、一つ宝物が残っています。

それは奥野さんの歌声。

皆さん写真は残しますが、「声」を残しておくといいですよ。今は簡単に動画も取れますしね。

私の心の中で生き続けてくれるドリー夢メーカー。

命の授業の講演では必ず歌を流し、メッセージを子どもたちに伝えます。

ありがとうドリー夢メーカー。
私も後悔なく命を使い切ります。
どんなことがあっても自分の人生を諦めません。
投げ出しません。
楽しみます。
今、命があるから、生きているから。

子どもたちへのメッセージ

★夢は何ですか。

★自分の良いところはどこですか。

★自分の未来にワクワクしていますか。

★目指す大人はいますか。

★人生の主人公は誰ですか。

★今の生活を続け、自分の未来にワクワクできていますか。

第4章
今、日本人として

1. 生きる意味

長崎県大村市で「命を大切にする会」主催の講演冒頭に会長さんのご挨拶がありました。その言葉が心に刺さりました。

「私が子どもの時は、学校の先生から『君たちの生きる意味は、君たちが生まれてきた時よりも死ぬ時に、少しでも日本の国が良くなっているように自分の人生を生きなさい』と教えられました。ところが、今はどうでしょう・・・」

会場にいた大人たちの顔が一瞬凍りつきました。正直私も、両親や先生方から一度も言われたことも、聞いたことも、教えられたこともなく、そのような意識を持ったことはほとんどなかったのです。

「命の授業」の講演家になってから感じることがあります、それは、尊敬する経営者の方々の意識が「自分の会社の将来」だけではなく、「わが国の将来」を考えていることでした。

失われつつある日本と日本人の美点を取り戻そうと、意識的に人材育成のための教育を大切にし実践しています。同時に、危惧されているのが「自分さえよければ・・・」という風潮が蔓延していることです。

子どもはやはり、自分が中心です。でも大人は公が中心のはずです。

まずは、自分の身の回りから、足元からの実践。そして、その活動範囲と仲間や同志を少しずつ増やしています。

「実践の伴わない言葉に力なし」を胸に行動し、見本となる姿を見せてくださる方々ばかりです。

大人たちは、子どもたちに「私の生きる意味はこうです」と胸を張って、本気で言い続けて欲しいです。必ずスイッチの入る子どもたちはいます。

今のわが国の在り方に危機感を持っていない大人がいますか？
このまま、この国を子どもたちに引き継がせますか？　私はＮＯ！です。
私も一人の親として、大人として、まだまだできることがあります。

未来の日本という国に住む子どもたちのために、今なすべきことは何でしょうか？残すべき日本とはどんな国ですか？
自分が世の中でどう役に立てるか、考え続ける大人でいたいものです。

2. 平和とは

広島県に講演の仕事で伺うことができました。

私の講演を聞いてくださったあるお寺のご住職とお話をさせていただくことができました。ご住職はこう話されました。

「平和の源は命を考えること。命を考えれば、自ずと平和への道は見えてきます。だからこそ、あなたの命の授業の活動は今、日本で必要なことなんです」

学校現場におけるイジメの問題や人権については、命や人としての心のあり方の視点から話はしてきましたが、平和と命については、正直そこまで意識して話をしていなかった自分に気づかされました。

同時に、戦火の中で命がけで家族と国を守ってくださった多くの方々のことを想うと、「平和ぼけ」の自分がそこにいることにも気づかされました。

外国の方、外国に在住していた方の話を聞く機会が多くあります。その中で、日本や日本人の素晴らしさについて必ず言われることは、「治安が良い」「礼儀正しく規律を守る」「マナーが良い」ということでした。

治安の部分は、なるほどねぇ〜。マナーの部分は、個人的に恥ずかしくなりました。

自分の命も、大切な人の命も、出会った人の命も、大切にする生き方を目指します。

3. 使命　知覧・鳥濱初代さんの話

経営者の勉強会で私自身5回目となる知覧の特攻平和記念館訪問でした。今回、そこで説明を聞く中で驚かされたことは、戦後70年、戦争を知らない日本人が8割になったということでした。

富屋旅館三代目女将、鳥濱初代さんのお話を聞くことができました。

初代さんはこう話されました。

「特攻隊員」を犠牲者という言葉だけで理解していると過去の話で終わってしまいます。

しかし、隊員さんたちは自分たちの世代ではなく、次の世代を心配して未来の平和を願って自らの命をかけて逝ったのです。

だから私たちの世代も、次の世代の若者も、隊員たちの想いを受け継ぎ、未来に伝えていく責任があります。今から70年前の話ではなく、今もなお、そしてこれからも受け継いでいく大切な教えがそこにはあります。

あの若い隊員さんたちが命をかけて守りたかったものが何であったのか。どうかよく考えてもらいたいと思います。それを受け継いでいくことが今を生きる者の使命だと思うからです。

隊員さんたちの大半は大切な方々に手紙を書いた後、自らの使命に殉じて亡くなりました。しかし、私たちは亡くなることを学ぶのではなく、生きることを学ばなくてはいけません。

誰もが、この世に自分にしかできない何かの使命を持って生まれてきていると私は思います。なぜ生きているのか。なぜ生きるのか。それが自分の「使命」です。

今の若者たちの中には「使命」という言葉がわからない人たちもいます。研修の時に使命という漢字を本気で「氏名」と書いたり「徳」を「得」と書く人がいたりします。小学生ではありません。社会人です。

隊員さんたちが生きたあの時代からすると、精神年齢が下がり、すごく幼稚になっているような気がします。それは戦争を体験しなかった戦後世代が、本当に苦しいという時代を知らないからではないかと思うのです。

「体裁」で生きるのではなく「本質」で生きなさい。「経済」を中心に考えるのではなく「命」を中心に考える。そして、その命より大切なものがあります、それは、「徳を」貫くことです。

初代女将、鳥濱トメさんの言葉です。

4. 知覧特攻平和会館

板津忠正さんは、搭乗した戦闘機のエンジントラブルによって生還した特攻生存者で、「生き延びたという負い目は死ぬまで消えません」と何度も口にする中、戦後16年が経ち、知覧にて特攻隊員の母と呼ばれた鳥濱トメさんと再会。「あなたが生き残ったのは、あなたにしかできないことがあるからよ」と諭され、全国の遺族を訪問し戦友の遺影や遺品を収集し、英霊を弔い続けたそうです。それらの展示場所として知覧特攻平和会館が開館し、初代館長に就任。

私も何度も足を運んでいますが、日頃の悩みや苦しみが別次元の小さなものへと変えてしまう力を英霊の残された遺書や遺影は与えてくれるように感じます。

一方で、命の大切さが叫ばれる世の中で、命をそんな簡単に粗末にあつかっていいのか・・・と思わせる出来事の数々。与えられた命をどう輝かせ、どのように生きるか。何のために・・・。

今こそ、その生き様に重きをおく考え方と行動が必要だと思えてなりません。

私は戦争体験はしていませんが、事故によって命と向き合った経験から、自分の命は両親をはじめたくさんの方に守られ、支えられ今あるものだと痛感しました。それは日本という平和な国に生まれたからこそとも考えられます。

この平和な国の礎は誰がどんな思いで創ってくれたのでしょうか。

子どもに残すべきは、自分が生まれたときより素晴らしい日本。そのために大事なのは、大人や先生が子どもに見せる姿、それが「教育」なんです。子どもは親の鏡。生徒は教師の鏡。

保護者と先生がお互いに非難・否定し、責任をなすり合って争っているときでしょうか・・・。それで子どもたちは幸せになりますか。大人になることや日本という国に夢や誇りを持ちますか。

教育は「共育」です。私も、命の授業を通して志ある仲間たちとこれからも日本人の命と日本の平和を守る活動を微力であっても続けます。それが私に命を与えてくれた両親への感謝だから。ご祖先への感謝だから。

平和な日本に暮らせている感謝だから。英霊の皆さんへの感謝だから。

5. どうした日本人・・・

新幹線の駅や空港、観光目的の外国の方が本当に多くなりました。

先日、駅で地下ホームに降りようとしたらエスカレーターもエレベーターも近くになく片手はスーツケース、片手は手すり状態で階段を転ばないよう降りていたら大きなスーツケースを持ったカップルが、自分たちのスーツケースをホームに下ろすと、彼が私の所まで上がってきて、荷物持ちますよってジェスチャーで。

お言葉に甘えて、お願いすると返ってきた言葉から韓国の方でした。

助けてもらおうとは思っていませんでしたが、何人もの日本人が私の横を通り過ぎて行ったので内心どうした日本人・・・となんとなく寂しくも、悔しくもあり。

せっかく日本に来てくれた外国の方には楽しく、気持ち良く帰ってもらいたいなぁと、私にできるおもてなしはカメラのシャッターを押してあげること。

外国に行った時、私はなかなか自分から「撮ってー」って言えなかったから。

日本人同士、もっと思いあい、労わりあい、助けあい、声かけあいましょうよ。

桜が素敵な日本!!

景色だけでなく、さすが日本人と一人でも多くの外国の方に思ってもらいたいものです。

私はそうならない。私はそれはやらない。大事にします。

6.「日本」のこと、何て言います?

先日、こんな質問を受けました。「腰塚さん、自分の家のこと、人に話す時、何て言います?」

「うちはね」とか「我が家」かなぁ〜。

「会社は?」「我が社」ですね。

では、「日本のことを人に話す時は?」

皆さんだったらどう言いますか？

その時の私の答えは「この国は」でした。

「なぜ、自分の家は我が家、会社は我が社なのに、日本はこの国。我が国と言わないの？」と聞かれましたが、それまで、正直意識したことありませんでした。

しかし改めて聞かれると、普通に使っていた「この国」という言葉、客観的というよりどこか他人事、冷淡な感覚がありました。

「我が家・我が社」には、自分がその一員で大切にする意識が強いのに、「我が国」とは言わない・・・。何だか寂しささえ感じました。

「我が国」と言わなくなったのは敗戦後で、意図的だそうです。それによって日本人の意識も変わり、失ったものも多くあり、それを喜んでいる国々がある、ということも・・・。

そのことは皆さんでお調べください。

私は日本が大好きです。日本が大切ですし、もっともっと良くなって欲しいと思っています。だからこそこれからどこへ行っても、誰と話しても「我が国」を使います。

日本国の国民だから。国を良くするのは私たち大人だから。

7. 君が代・日の丸

私は君が代をしっかり歌いたい。
祝日には日の丸を掲げたい。
日本国民として。
自分の国の国家、国旗を大事にできるからこそ
他国も尊重でき対等に共存できると思うから。

日本人へのメッセージ

★我が国、日本が好きですか。

★日本が世界に誇れるものは何ですか。

★日本に生まれて良かったと思うところはどこですか。

★日本の歴史について学校以外で自ら調べたことはありますか。

★日本人が大切にしてきたものは何ですか。

★子どもたちに残す日本とはどんな国ですか。

第5章
命の授業へのメッセージ

子どもたちに聞かせたい

ひたちなか市PTA会長　磯﨑俊宏

２０１３年、月刊致知3月号に掲載された腰塚勇人さんのインタビュー記事を読んで感銘を受けた私は、インターネットで腰塚さんの活動を調べ、動画を拝聴し、いわゆる「推し活」を始めます。

最初の講演を聴いたのは、２０１３年5月、地元茨城県ひたちなか市で開催された「あこがれ先生プロジェクト：inいばらき」のプレ講演会でした。その後も何度も講演会に足を運びました。

「命の授業」は何度聴いても感動するのです。子供たちにも聴かせたいという思いが強くなり、当時小学校でPTA会長をしていた私は、講演会を開催し、その後PTAで2

度、２０２０年には一般向けに茨城県１００回記念講演会を主催しました。参加者の方々の感動する姿に本当に嬉しくなりました。

腰塚さんの講演は、人を笑顔にし、生きる力を与えてくれます。笑顔は幸運を呼び寄せ、より良い人生になります。私はこれからも腰塚さんの活動を応援し、私自身も「人を笑顔にする人生を歩む」と、行動していきます。人生を変えてくれた腰塚さんには、心から「ありがとう」と感謝の気持ちでいっぱいです。

１年生の娘が!!

小学1年生の保護者

腰塚先生、はじめまして。突然のメッセージ失礼いたします。本日、娘が小学校で命の授業を受けた父親です。

一年生の娘が帰ってきて延々と先生の話を楽しそうに、嬉しそうに話しています。すごい先生なんだよ～。スキーの事故で先生は不自由になっちゃったんだよっ。でも今、とっても元気なんだよ。

小学一年生でこんなにも感情豊かに人の大切さを感じることができるのかと、親として勉強になりました。命の授業をありがとうございました。

大人も変える命の授業

小田原市PTA会長　大川晋作

学校の先生たちに信用がおけず、学校に足の向かない友達を「一回、命の授業を聞いてみて」と学区の中学校での講演に誘いました。講演中、涙を流す友人。そして講演後に彼女から飛びだした言葉は「小学校の子供たちや先生たちにも聞かせたい」でした。

「講演料いくら?」と聞かれ「○○万円」と伝えると「安い!」と。さらにびっくりでした。大人の気持ちを変える命の授業のエネルギーはすごいです。子どもたちのために鉄は冷めないうちにですね（笑）。

生きることの伝道師

船橋市小学校校長　渡邉尚久

教育委員会にいる時に腰塚さんと出会い、こう約束しました。「私が学校現場に戻ったら必ず腰塚さんをお呼びいたします」そのチャンスは意外にも早く来ました。

次の年、私は母校の小学校に校長として着任。この年に創立１５０年を迎える式典の前日記念講演として命の授業が決まりました。そして、当日。

本物は違うと思いました。腰塚さんが足を引きずりながら歩く姿に子供たちは目を奪われ、講演中には心を奪われ、最後は大きな拍手に会場が包まれました。（中略）

腰塚さんの講演がなぜ、これだけ子供たちの、そして教員の心を動かすのか。

それは腰塚さん自身が生死をさまよい、そして、もしかしたら二度と同じような生活ができないかもしれない、そんな葛藤の中で本当の意味で「生きるとはどういうことか」を実感した方だからです。そう、「生きる」ことを伝えられる本物の伝道師だからなのです。


講演は、私が想像していた以上のインパクトでした。ただ、残念ながらこのインパクトもやがてそれを覆いかぶせるような何百時間、何千時間という教育活動がそれを薄れさせていくことはどんなにインパクトのある講演でも同じ運命に遭うと思うのです。

それでも、私はこの講演は子供たちにとってかけがえのないものだったと確信しています。なぜなら、生きることに対して肯定的な感情を子供の中に残してくださったからです。

そして、命に対する肯定的な感情は、必ずその子の中に残り、やがて、いつかはわかりませんが、「あらためて命って大事だなあ」とか「自分の五感を使って人のために何をしたいなあ」などと自覚した時に、腰塚さんの講演が蘇り、「そうだ、あの時、腰塚さんから聴いた話があったからこそだ」となることでしょう。その時、その子はまわりの人に影響を与える人物に成長していくに違いないと思います。

腰塚さんの講演は本物です。私は学校現場に身を置く一人として子供に本物に出会わせるその機会をこれからも提供していきたいと考えています。

四方よしで世界を救う!!

元高槻市中学校校長　木村久美子

腰塚先生の「命の授業」「気もちの授業」は、声だけで伝わるのではなく、目の前の生徒の魂に届き、その波動はどんどん周囲に広がっていきました。私の学校には数回、教育委員会やＰＴＡなど含めると10回以上の「命の授業」を実施いたしました。

すると、講演会が行われた後には、しばしば不思議な現象が起こるのです。学校や地域で「命の授業」を聞いた人が、「自分の大切な人にも聞かせたい」という思いから、生徒から保護者へ保護者から地域の方々へと伝わり、彼らにとって、また会いたい方が腰塚勇人さんとなっていきました。

生徒は親を巻き込み、親は地域を巻き込み、ドリー夢メーカーが増殖し、学校全体が自浄され、トラブルが減少する良い波動が学校を包み学校が変わっていきました。

私は講演後、「腰塚先生と話をしたい生徒は、校長室まで来るように」と言い残し講演会を終了していました。

なぜなら、学校が良い波動に包まれ相乗効果のある講演会にするためには、その種が講演の中で植えられ、講演後の校長室で水をやり、そして生徒の心の中で発芽させる。最後に花咲かせるのは、聞かせるだけの講演会に終わらせないために何が必要か。

それは、「命の授業」と「気もちの授業」と、校長の手腕にあると私は考えています。

校長室へ来た何十人も生徒たちの顔が忘れられません。中には「ちょっといいですか」と先生も（笑）

「腰塚勇人と下関市いのちの日」

前下関市教育長　波佐間 清

平成17年4月、下関市の中学校で女子生徒が亡くなるという事案が発生した。混乱の中、平成23年4月、教育長に就任した私は平成25年4月13日を「下関市いのちの日」と制定した。

以前、「山口養心の会」で腰塚勇人氏の「命の授業」に感動した私は、毎年の巡回講演を依頼した。

平成28年に、その中学校で「命の授業」の講演会を実施し、生徒たちに大きな反響を呼んだ。腰塚氏は講演前に、遺族と話をされ、苦しみを共有し心のケアをした。

腰塚氏の魅力は、生徒と直に対峙し、悩める中学生に命のメッセージを伝えている。

彼のキーワードは、「ドリー夢メーカー」や「5つの誓い」と「助けて！」が言える人になろう。この言葉を生徒たちの心に呼びかけている。

生徒たちに「命の大切さは、今を生きる自分に責任がある」と語り、今まで命について真剣に考えたことのない生徒たちが、話を聴き「心の化学反応」が起こり、「今のままの自分でよいのか？」と自問自答するようになる。

元教師である腰塚氏は、校長や先生方更に両親を応援する言葉を語られる。

「大人を信じよう！」「先生を信頼しよう！」「親をもっと頼り、語り合おう！」

校長や先生方からは、「勇気をもらった」「明日から、もっとやる気が出た」「学校経営の柱ができた」等の声が寄せられている。

だからこそ、学校は腰塚氏の「命の授業」を必要としているのである。

忘れられない　あの瞬間

㈱コウリョウ・第七合同　代表取締役　持田　優

社内研修のお知らせが届きました。その内容は、『命の授業』・・・、何だろう?半信半疑で参加をしました。当時の私は、仕事、家庭において、先の見えない暗いトンネルの中で彷徨っていました。

舞台で小さく映る腰塚さんが、話を聴いているうちにだんだんと大きくなっていく気がしました。『今の幸せに気づくことから夢は広がる』一番残っている言葉です。

私は大切な会社従業員、家族の為に、私も〝ドリー夢メーカー〟に必ずなると決心しました。今でも忘れられません。

それを機に当社で命の授業を開催しました。当社の社員、協力会社様にも直接腰塚さんの命の授業を体験して頂き、あの時の感動を当社でわかちあう事ができました。

今、二社の会社代表です。人としての素直さ、謙虚さ、思ったら直ぐに幸動する事を大切にしています。そして、【我が社の社員が当社で働いて良かった、お客様が当社にお仕事お願いすると安心】と思って頂くことを目指しています。

この本をお読みになられた方は本当に幸せ者です。皆様の心は、幸動ひとつで必ず変えられます。一緒に大切な方の〝ドリー夢メーカー〟になりましょう。

一歩を踏み出す勇気をもらった

㈱新宮運送代表取締役　木南一志

腰塚勇人先生の「命の授業」「気もちの授業」は、私の中に隠れている素直な自分を取り戻させてくれる時間だと思える。

本当は言いたい「助けて！」「辛いんだ！」でも言えなくなってしまった自分の心を温めてくれる気がする。大人がそう感じるのだから、子供たちは、なおさら辛いに違いないだろう。

大人がしっかりと導いていくことのできる世の中になればきっと、大人も子供も笑顔になれることだろう。学校が教えてくれるわけでもない、家庭だけでできることではない、社会を変えていく力は、一人ひとりの行動でしかないのだと教えてくださいました。

人は支えあい、助け合うことで世の中をつくり出している。支えあうにはまず信じること。懸命に生きる大人が子供たちの道を切り拓いていく。

あとに続く者たちが今だけがいいのではなく、将来が少しでも良くなっていくようにと祈るような思いを込めながら生き抜いていくこと。泣けばいい、笑えばいい、助け合って生きていくんだ。

「和を重んじる日本人」

徳塾「修身館」主宰　寺井一郎

互いを認め合い、補い合い、助け合い、労り合い、そして互いの幸せを求め合う。このようにして我が国の「和の精神」は建国以来連綿と紡がれてきました。

聖徳太子はこれを憲法の第一条に「以和為貴」と掲げました。また、二宮尊徳翁は「一円融合」を説き、物事を対立的に捉えるのではなく、大きな円の中で互いに溶け合い、融合することによって新たなものが生まれると訓えています。

善悪・正邪・敵味方・苦楽・貧富・生死・損得・勝敗、皆然りです。これ等を対立的に捉えると、いがみ合い、憎しみ合い、争いの種ともなりましょう。

これを教育の現場に置き換えたならば、保護者も先生方も子供たちも、一つの円の中で調和することで活性化するのではないでしょうか。勿論保護者の円、先生の円、生徒の円もそれぞれ大切なことは言うまでもありません。

そしてこれらの基になるのが家庭なのです。まずは家庭が円満であるということ、家族の絆が盤石であることが何より大切なのです。

その家庭教育の基本は森信三先生の提唱されている「しつけの三原則」です。すなわち、名前を呼ばれたら「はい」と、返事をする。自分から挨拶をする。脱いだ靴は揃える。これ等の事の積み重ねが教育現場をより魅力あるものに変え、ひいては国家の安寧と繁栄に繋がっていくのだと思います。

一人ひとりが主役となって、和の精神の実践者となるならば、腰塚さんの説く「ドリー夢メーカー」が世の中に溢れていくに違いありません。家庭から学校へ、学校から地域へ、そして市町村、都道府県、国家へとその影響は計り知れません。

一方、目を世界へ転じれば、争いや紛争が絶えません。また貧困や、医療不足により、おびただしい数の貴い命が失われています。

相手を否定し、奪い、支配するところからは決して平和な世の中は実現しません。今こそ「和の精神」を世界へ発信するという、大切な役割を果たしていく秋《とき》なのではないでしょうか。

読者からのメッセージ

私は命の授業を受けて一番心に残ったのが「5つの誓い」です。特に「口は人を励ます言葉や感謝の言葉を言うために使おう」です。この誓いを聞いてこれからは困っている人や落ち込んでいる人に「大丈夫だよ」と言ったり、何かをしてもらった時に「ありがとう」と言ったりしようと思いました。

また私は、5つの誓いの話を聞いてとても良い言葉だと思い、5つの誓いを紙にていねいな字で書きました。どこかに飾ろうと思います。

他にも腰塚さんからネガティブに考えない方法も教えてもらいました。ネガティブに考えないためには人と比べずに昨日の自分と比べることが大事と聞きました。なので、毎日寝る時に一日をふり返ってみて、こういうところは昨日よりできていたなと自分の良いところを見つけていこうと思いました。

（静岡県　小学6年生）

厳しい先生は生徒から嫌われがちですが、腰塚さんは愛されていたんだなと思います。本人は絶望しているにもかかわらず、周りが必死に動いて担任をやらせてもらえることに驚きました。

義務教育最後の中学三年生という大事な時期にいつ帰ってくるかわからないという人を担任にする。私情を挟んでさせてもらえるほど甘くないと思います。その教育委員会の人達の心を動かした周りの人達の行動の原動力は腰塚さんへの愛だと思います。

自分に目や手足などがある理由などの話を聞いてとても心に響きました。正しい使い方をして人のために生きていきたいと思いました。自分もかなり絶望したことがあるけど、ドリー夢メーカーの人達が希望に変えてくれて今まで生きてきました。

次は僕がみんなのドリー夢メーカーになりたいなと思いました。生きたくても生きられなかった人達がたくさんいるので、今健康なことに感謝して頑張って生きていこうと思いました。

（兵庫県　中学3年生）

ドリー夢メーカーがいる反面ドリー夢キラーが自分にも周りの人にもいたが、励ましてくれる人や家族のために生きようと思えたのがすごいなと感じました。「一緒にがんばろう」といってくれたリハビリの人は、見捨てずにいてくれたから頼れた人がすぐ近くにいてくれたから、1人で頑張らなくて良いと思えたと話されていたけど、私は迷惑をかけたくないと思ってしまって、リハビリすることも生きることも諦めてしまうと思いました。

摩擦があるからこそ成長できる。１人で頑張らなくていい。生きる力が付くと考えれるのがとてもすごいなと思いました。夢は自信と自己肯定の積み重ねで、いくらでも叶えられるという言葉がすごく胸に刺さりました。私はあきらめかけていた夢である看護師の夢も、まだ諦めずに目指そうと思えました。「死に方は誰にも決められないけど、生き方は自分で決められる」

私は腰塚さんの講演を聞いて、自分の生き方を変えたいと思いました。特に印象に残っていることはドリー夢メーカーの大事さです。１人では頑張れないことも支えてくれる人や、友達がいてくれるからこそ、毎日の日々は当たり前のように見えてかけがえのない思い出になっていることに幸せを感じました。

腰塚さんの講演はとても惹かれました。今まで気がつかなかったこともたくさん気づけて新しい生き方を学べました。たくさんのことを教えてくださりありがとうございました。

（大阪府　高校２年生）

あとがき

２０１２年１月号から始めた「腰ちゃん通心『幸縁』」も、２０２３年で11年目を迎え、5月発行の１３７号目を皆さんにお届けすることができました!!　読んでくださる皆さんのおかげです。ありがとうございます。

続けることができたエネルギー源の一つが、「通心」を読んで感想や時には叱咤激励のハガキやお手紙、メールをくださる方々の存在です。

その中でも、通心を発送した2日後には感想のはがきが自宅に届き、体調がすぐれないときでさえ、通心を読んですぐに事務局へお礼の電話をくださった鍵山秀三郎さんの存在です。

鍵山さんの生き方からは、喜びや感動を通り越し、少しでも自分も鍵山さんのような生き方に近づきたい・・・、思うだけでなく動く。

そんな志や自分を律する力を与えてくれています。

そして忘れてならないのは、「腰ちゃん通心」を出すキッカケをくださった岐阜県の松岡浩さん、山口県の前田敏統さん、兵庫県の木南一志さん、群馬県の松﨑靖さん、この諸先輩方の存在です。

4人の先輩方からそれぞれ毎月通信を送っていただいていますが、皆さん15年以上続けられています。

「通心」をはじめるときに、その前田さんから「覚悟はいるよ」と言われました。私が「どんな覚悟ですか?」と訊くと、「金はかかるし止められなくなる」「発信者には行動の責任が伴う」と忠告されました。

そして木南さんからは、「義は利の本なり先義後利」という言葉をいただき、「通心は講演家であるあなたのいずれ生命線になります。心して書きましょう」と助言されました。

大阪でご活躍される大先輩の講演家である黒田クロさんからは、「通心は円より縁を大事にするものだよ」との言葉をいただきました。

実は、教師から「命の授業」の講演家になる時に、一番の応援をしてくれた望月さんの勧めで始めたFacebookのブログも、15年間ほぼ毎日続けています。

そして、教師の先輩からもらった言葉を思い出します。

「他人に影響力をおよぼす唯一の方法は、あなたの生き方、態度、考え方を、他人に真似したいと思わせること」

私が「通心」とブログを続けてこられたのも、生き方を真似したいと思わせてくれた、この先輩方のおかげです。だからこそ嘘はつけませんし裏切れないんです。

それは同時に、先輩方だけでなく、「通心」やブログを読んでくださる皆さんに対しての約束でもあります。これからも、変えてはいけないものは変えず、成長している姿も感じてもらえるような「通心」を出し続けていきます。

思い起こせば、100号の記事を書いているときに、鍵山秀三郎さんの『大きな努力で小さな成果を』の本が届きました。そこに書かれた「益はなくとも、意味のある生き方」、こころに沁みました。

くり返しになりますが、お手に取っていただいた本書は、この「腰ちゃん通心『幸縁』」をもとに、加筆、編集したものです。下関市前教育長の波佐間先生からは「通心」はいつか本にすべきですと夢を与えて頂き、その夢が叶いました。

80歳を過ぎる父や母と今までしなかった話もするようになりました。また私も60歳を前にして、小さい頃のことを思い出すようになっています。親を亡くすと過去を失う。本当にその通りだな〜って感じます。

両親ともに経済的に貧しい環境に生まれ、20歳で家を出て自立していたそうです。結婚後も経済的に厳しく、私も子どもながらに友だちを羨むこともありました。それでも乗り越えられたのは、不平不満を言わず一所懸命に働き、子ども二人を育ててくれた父母の姿があったからです。

どんなことでも、一所懸命になおかつ楽しく、「与えられた場所で咲く」、そんな生き様を見せてくれた両親でした。


そして、二人からの一番の教えです。自分がどう生きるか。誰と生きるか。全ては自分が源。習慣は第二の天性なり。幸せとは習慣である。たくさんの苦労をしてきているはずの父と母。しかし、二人はその苦労を心の垢とはせず、己の心の道として生きてきたのだと感じています。戦後間もない苦しい時代の日本を生きてきた二人と比べ、
今の日本はどうでしょう。

今の大人はどうでしょう。

今の先生はどうでしょう。

幸せとは何でしょう。

私は自立した大人になれているのか・・・。

子どもたちに残したい日本とは。

子どもたちにつけるべき力とは。

幸福は心の習慣と行動の実践。息子にも伝えたい生き方です。この時代だからこそ苦労をさせてやりたいです。人が変わる成長するために必要なものは、「考え方」と「行動」の習慣を変えること。でも一人ではできないのです。続かないのです。だからこそ共に成長でき、刺激をもらえ、共に夢の語れる仲間が必要なのです。「共育」が必要なのです。子どもたちから「あなたが言うのであれば」と憧れられる大人でいたいものです。

最後に「通心、本にしましょう!!」「今の時代に必要なメッセージがいっぱいです」と背中を押してくださった、ごま書房新社の池田社長さんには感謝しかありません。楽しすぎる本の製作に命が喜びました。心より感謝申し上げます。

腰塚　勇人

◆著者略歴

腰塚 勇人（こしづか はやと）

命の授業講演家

1965年神奈川県生まれ。元中学校体育教員。元養護学校教員。

大学卒業後、教師になる夢を叶え「熱血指導」の日々を送る。2002年、スキーでの転倒で「首の骨」を折り、呼吸ができなくなり命と向き合う経験をする。命は助かったものの首から下が動かない深刻なマヒ状態に絶望の日々を送る。その絶望を希望に変え生きる力を与えてくれたのが家族・医療スタッフ・学校の先生や生徒たち、ドリー夢メーカーの存在であり、ケガからの学びは「一人で生きていない」「自分の命は自分だけのものではない」「命は自分も人も傷つけるために使ってはいけない」「助けてくれる人は必ずいる」障がいを残しながらも学校現場へ復帰を果たすものの、全国で広がる子どもたちのいじめ問題、自殺、うつ病。子どもたちの命を助けることができるのなら・・・。その思いより2010年3月に教師を辞し命の授業の講演家に。2023年3月までの全国で2160回の講演回数。そのうち7割が学校。実際に子どもたち・先生・保護者の命と誰にも言えない心の声と向き合う日々を送る。そして講演で必ず最後に子どもたちに伝えること。大人や先生を信じて頼って大丈夫。「助けて」を言って大丈夫。必ず君たちを守ってくれるドリー夢メーカーいるから!! 大人として、親として自分自身にも言い聞かせている言葉である。

著書には『命の授業』（ダイヤモンド社）『感謝の授業』（PHP研究所）『気もちの授業』（青春出版）がある。

●公式サイト　https://inochi-jyugyo.com

⬅スマホの方はQRコードから

大人を信じて頼ってほしい
先生を信じて頼ってほしい
そして自分の命の力を信じてほしい
「助けて」が言えるドリー夢メーカーの
大人や先生たちは君たちの周りに必ずいるから

私は全国で子どもたちと本気で向き合う大人たちと
たくさん出会ってきました

命の喜ぶ幸動（5つの誓い）

- 口は人を励ます言葉や感謝の言葉を言うために使おう
- 目は人の良いところ見るために使おう
- 耳は人の話を最後まで聴いてあげるために使おう
- 手足は人を助けるために使おう
- 心は人の痛みが分かるために使おう

今こそ大切にしたい共育

2023年5月4日　初版第1刷発行
9月7日　第2刷発行

著　者　腰塚 勇人
発行者　池田 雅行
発行所　株式会社 ごま書房新社
〒167-0051
東京都杉並区荻窪4-32-3
AKオギクボビル201
TEL 03-6910-0481（代）
FAX 03-6910-0482
カバーデザイン　（株）オセロ 大谷 治之
DTP　海谷 千加子
印刷・製本　精文堂印刷株式会社

ISBN978-4-341-08832-3 C0030